Sabedoria
financeira

Reinaldo Domingos

Sabedoria financeira

O milagre da multiplicação de seus recursos

Thomas Nelson Brasil

Editora (dsop)

Copyright © 2013, by Reinaldo Domingos.

PUBLISHER	Omar de Souza
EDITOR RESPONSÁVEL	Samuel Coto
PRODUÇÃO	Adriana Torres, Thalita Ramalho
PRODUÇÃO EDITORIAL	Victor Almeida
CAPA	Douglas Lucas
EDIÇÃO DE CONTEÚDO	Cristina Ignácio Fernandes
PREPARAÇÃO DE TEXTO	Daniel Nascimento
REVISÃO	Pedro Staite e Rachel Rimas
DIAGRAMAÇÃO E PROJETO GRÁFICO	Especial Book's Editoração Ltda.

CIP-BRASIL. CATALOGAÇÃO NA PUBLICAÇÃO
SINDICATO NACIONAL DOS EDITORES DE LIVROS, RJ

D715s Domingos, Reinaldo
     Sabedoria financeira: o milagre da multiplicação de seus recursos / Reinaldo Domingos. - 1. ed. - Rio de Janeiro : Thomas Nelson Brasil, 2013.

     ISBN 9788578605155

     1. Finanças pessoais - Aspectos religiosos - Cristianismo. I. Título.

13-06649   CDD: 248.4
                                                                      CDU: 27:330.567.2

THOMAS NELSON BRASIL é uma marca licenciada
à VIDA MELHOR EDITORA S.A.
Todos os direitos reservados à Vida Melhor Editora S.A.
Rua Nova Jerusalém, 345 — Bonsucesso
Rio de Janeiro — RJ — CEP 21402-325
Tel.: (21) 3882-8200 — Fax: (21) 3882-8212/3882-8313
www.thomasnelson.com.br

SUMÁRIO

INTRODUÇÃO
    Tudo custa dinheiro 7

CAPÍTULO 1
    Conhecendo o seu perfil financeiro 13

CAPÍTULO 2
    Descobrindo os seus verdadeiros números 23

CAPÍTULO 3
    Entendendo o que são bens de valor e bens sem valor 31

CAPÍTULO 4
    Refletindo sobre o seu verdadeiro padrão de vida 37

CAPÍTULO 5
    Sonho: o grande divisor de águas da educação financeira 47

CAPÍTULO 6
    O sonho de se livrar das dívidas 65

CAPÍTULO 7
    Os enganos do orçamento financeiro comum 73

CAPÍTULO 8
    Planejando os 365 dias do ano 81

Capítulo 9
A diferença entre o dinheiro vivo e o dinheiro
eletrônico no seu orçamento 87

Capítulo 10
Rendimentos altos não garantem a prosperidade 97

Capítulo 11
Planejando uma boa aposentadoria 105

Capítulo 12
Livre-se das dívidas 113

Capítulo 13
Educação financeira para crianças e adolescentes 123

Capítulo 14
Aprenda a curtir a chegada da prosperidade 131

Capítulo 15
Compartilhe a educação financeira com a família
e os amigos 141

Teste — endividado, equilibrado
financeiramente ou investidor? 145

Apontamentos de despesas 155

Dsop educação financeira 167

Sobre o autor 171

Introdução

Tudo custa dinheiro

"Temos que comprar a água que bebemos; nossa
lenha, só conseguimos pagando."
(Lamentações 5:4)

Foi-se o tempo em que as famílias plantavam na terra o que iriam almoçar e jantar todos os dias. A caça e a pesca, que antes faziam parte da rotina das pessoas, hoje também já não são consideradas práticas da subsistência do homem moderno.

Através dos séculos, com a invenção do dinheiro, todas as coisas passaram aos poucos a custar algum valor predeterminado. Recursos naturais, que antes não tinham dono, passaram a ter, e hoje a realidade é que até a água que bebemos custa dinheiro.

Partindo desse pressuposto, eu lhe pergunto: quantas coisas que antes provinham da natureza hoje você paga para ter? E mais: quanto dinheiro você tem para gastar com essas despesas?

Se tudo custa dinheiro, já está mais do que na hora de percebermos que os rendimentos suados que conquistamos ao final de um mês de trabalho devem ser respeitados.

Você deve estar pensando que já faz isso, que já respeita e cuida do seu dinheiro, mas será que cuida mesmo? É o que vamos descobrir no decorrer deste livro.

Muitas vezes, as pessoas acham que estão fazendo a coisa certa e, por falta de orientação, acabam não sendo muito espertas na condução das suas finanças.

Por isso, antes de sair por aí tomando decisões num setor do qual você não tem total entendimento, é necessário ter humildade e sabedoria para ouvir o que alguém com formação em finanças pode acrescentar quando o assunto é a sua saúde financeira.

Como terapeuta financeiro, uma das primeiras orientações que dou para quem quer cuidar melhor do dinheiro é promover uma análise de consciência sobre o uso que vem sendo feito dele até este momento.

Num mundo onde tudo é capitalizado, devemos nos preocupar não só com os nossos rendimentos, mas também com o valor das coisas que costumamos consumir e com a real necessidade de cada uma delas nas nossas vidas. Sabemos que atualmente um dos maiores desafios enfrentados pelas famílias é manter as contas em dia, e essa situação pode causar muito estresse, além de sérios problemas de relacionamento. Compramos demasiadamente, sem perceber que acabamos deixando o essencial para trás.

Vemos na Bíblia que Jesus nos deixou várias lições relacionadas ao uso do dinheiro. O Evangelho de Mateus nos traz muitos ensinamentos sobre dívidas, riquezas, compras, esmolas etc. Como cristãos, devemos buscar primeiramente o Reino de Deus e a sua justiça, pois assim, como nos diz o Evangelho, todas as outras coisas nos serão acrescentadas. O centro da nossa vida deve sempre ser preenchido por Deus, pois assim sempre seremos guiados pelo melhor caminho.

Quando se trata de questões financeiras, é comum encontrarmos algumas relações equivocadas sobre o dinheiro e o texto bíblico. O Senhor nos designou a viver uma vida digna na Terra, que nos preparará para viver a plenitude no seu Reino. Por isso, é desejo de Deus que tenhamos a sabedoria de nos permitirmos uma verdadeira mudança de hábitos, a fim de vivermos a nossa vida financeira com mais sabedoria.

Capítulo 1
Conhecendo o seu perfil financeiro

"Eu lhes digo: Não se preocupem com sua
própria vida, quanto ao que comer ou beber; nem
com seu próprio corpo, quanto ao que vestir.
Não é a vida mais importante que a comida,
e o corpo mais importante que a roupa?"
(Mateus 6:25)

Costumo observar que, no mundo das finanças, determinados grupos de pessoas adotam comportamentos parecidos, estabelecendo perfis de acordo com os hábitos ao lidar com o dinheiro.

Por isso, um dos primeiros conselhos que dou para quem tem a intenção de administrar bem o próprio dinheiro é: "Realize um estudo do perfil financeiro no qual você está inserido."

Para que você possa fazer isso, o primeiro passo é refletir um pouco sobre a maneira como tem tratado o seu dinheiro nos últimos tempos. Será que você sabe qual é o caminho que o seu salário percorre mês a mês?

Dependendo da quantia que você poupa, da quantia que você gasta em produtos não essenciais e da quantia que sobra — ou falta — nos últimos dias do mês, podemos traçar um perfil aproximado do seu comportamento financeiro.

Costumo intitular esses perfis como "endividado", "inadimplente", "equilibrado" e "poupador". Mais adiante, falaremos um pouco mais sobre cada um deles.

Por enquanto, o importante é que o seu perfil seja identificado, pois, a partir de então, você poderá iniciar o processo de conhecimento do seu "eu" financeiro, para entender, afinal de contas, por onde anda o seu dinheiro.

Após a identificação do perfil, você deverá aplicar o primeiro pilar da Metodologia DSOP — Diagnosticar, para entender melhor como está a sua saúde financeira.

Você deve estar se perguntando: Como é que se faz um diagnóstico de finanças? O que é essa tal Metodologia DSOP? Quanto a essa metodologia, nada mais é do que uma maneira diferente de administrar o seu dinheiro. Ela está estruturada em quatro pilares: Diagnosticar, Sonhar, Orçar e Poupar. Praticando esses quatro passos, qualquer pessoa pode assumir definitivamente o controle do dinheiro. Simples assim.

Mas nada de ansiedade, vamos por partes, pois neste livro você aprenderá naturalmente a aplicar esses passos e, chegando ao final, terá pleno domínio do seu dinheiro e se tornará dono do seu destino financeiro.

E já falando sobre o primeiro passo, que é o diagnóstico financeiro, ele tem a finalidade de fazer com que se descubra em qual das situações financeiras você se encontra, o que chamamos de perfis financeiros, como citei anteriormente.

Perfil financeiro do endividado

Na sociedade de hoje, é muito comum encontrar pessoas que acham que não estão endividadas e que as finanças estão sob controle. O problema é que elas não entendem que quem tem prestações e parcelamentos tem dívidas.

É importante registrar que estar endividado de forma controlada não é um problema, desde que se consiga honrar as prestações, pagando-as em dia.

O parcelamento, quando não honrado, gera um endividamento descontrolado, geralmente causado pelo consumismo não consciente e compulsivo. As pessoas, levadas pela ansiedade, costumam realizar pequenos desejos momentâneos e, quando isso acontece, logo criam outros, e assim sucessivamente.

É o que chamamos de círculo vicioso. Num dia você quer ter um sapato, no outro tem que comprar a bolsa perfeita e, em seguida, sente falta de um vestido para combinar com os acessórios novos; e por aí vai.

No universo masculino, é muito corriqueiro ver casos como o do sujeito que compra um carro e vive tendo gastos com ele, trocando peças, comprando produtos para incrementá-lo etc.

Aparelhos eletroeletrônicos como celular, microcomputador, DVD, Blu-ray, caixas de som, entre outros, também entram na lista das aquisições preferidas dos consumistas em geral. Trata-se de produtos que a cada ano são tidos como obsoletos, porque as empresas lançam no mercado outros mais avançados em tecnologia, levando as pessoas a comprarem novamente um objeto que possui praticamente as mesmas funções daquele que elas já têm.

Essas pessoas nem se dão conta de que, sofrendo dessa sede imediatista de ter as coisas a qualquer preço, acabam gastando não só o dinheiro que possuem no banco, mas também comprometem rendimentos futuros, ou seja, um dinheiro que ainda nem chegou às suas mãos.

Esse é o perfil dos endividados, aqueles que acabam por gastar grande parte da renda — quando não comprometem tudo o que possuem — para manter uma rotina consumista que, a bem da verdade, não os satisfaz por completo: falta sempre alguma coisa por comprar, como se houvesse a necessidade de preencher algum tipo de "vazio" interior com objetos materiais considerados indispensáveis.

Perfil financeiro do inadimplente

Os inadimplentes estão num estágio mais avançado de endividamento. São as pessoas que já estão em situação financeira crítica, pois além de possuir dívidas, não conseguem mais quitá-las nos prazos.

Na ânsia por comprar desenfreadamente, começam a parcelar tudo nos cartões de crédito, fazem uso do cheque especial, e depois, quando percebem o atoleiro em que se meteram, vem o pior: passam a tomar empréstimos para cobrir o cheque especial e resolvem pagar somente o valor mínimo das faturas dos cartões de crédito, até que chega um momento em que já não conseguem nem fazer isso.

Assim, tornam-se inadimplentes. Em muitos casos, a falta de orientação e de limites leva a pessoa a perder bens como carro, casa, entre outros de grande importância.

E com a crise vêm a perda da autoestima, o desânimo, a depressão e uma avalanche de juros que se multiplicam dia após dia, fazendo crescer ainda mais os débitos das contas em atraso.

Se você está nessa situação ou conhece alguém que tem vivido dessa maneira, saiba que este livro poderá ser muito útil, pois ao longo dele darei orientações de como se livrar das dívidas. Por mais que a inadimplência seja grande, sempre há uma maneira de sair desse perfil financeiro. É o que veremos mais adiante.

Perfil financeiro do equilibrado

Diferente dos perfis que vimos anteriormente, existe um grupo de pessoas que possuem um comportamento financeiro mais equilibrado. São aquelas que conseguem administrar melhor os seus ganhos e as suas despesas.

Essas pessoas só gastam o dinheiro que possuem efetivamente nas mãos, no entanto, terminam o mês no zero a zero. É o exemplo típico do sujeito que não poupa, mas também não deve. O salário que entra na conta bancária acaba saindo com destino ao pagamento de contas e à realização de compras.

Esse talvez seja o perfil mais preocupante, pois o indivíduo está numa zona de conforto financeiro. Parece que esse papo de educação financeira não é com ele, pois aparentemente está tudo bem.

No entanto, pensar desse modo é muito arriscado. Imagine que você viva dentro desse "equilíbrio", tendo como filosofia o "empate" no saldo bancário ao final do mês, ou seja, o zero a zero. Agora, vamos supor que aconteça algum imprevisto na sua vida que o impeça de obter ganhos mensais por dois ou três meses. O que você fará para pagar as suas despesas fixas se não tem uma reserva?

Com esse exemplo, percebemos facilmente que o perfil do equilibrado está a um passo do endividamento. Sem ter dinheiro guardado, qualquer pessoa, ao se deparar com um aperto financeiro, acaba correndo para os braços do crédito fácil, e, como vimos anteriormente, quem usa crédito tem dívidas. Não é preciso que apareça um problema de saúde ou empregabilidade, basta ser convidado para ser padrinho ou madrinha de casamento de um grande amigo. Você terá que comprar o presente, a roupa, os sapatos etc. a prazo, não é mesmo?

Portanto, se você se enquadra no perfil dos equilibrados, tenha muito cuidado.

É recomendável sair da zona de conforto e começar a buscar não apenas um empate, mas sim um saldo positivo que sinalize o acúmulo de dinheiro na sua conta-corrente e, principalmente, na poupança.

Perfil financeiro do poupador

Por último, aponto o perfil das pessoas que se mostram mais determinadas a poupar parte dos seus rendimentos. Elas costumam resistir bem aos apelos de consumo e, geralmente, gastam apenas com as necessidades básicas, essenciais à sobrevivência, e compram com consciência.

Os poupadores têm mais prazer em ver a poupança aumentando e o dinheiro se acumulando do que em ter um celular de última geração ou um vestido de grife, entre outros exemplos de sonhos de consumo que costumam encher os olhos das pessoas.

Eles já possuem o bom hábito de guardar parte do dinheiro que recebem, o que é um importante pré-requisito para alcançar a sustentabilidade financeira. Alguns devem estar até num patamar um pouco mais avançado, o de investidor.

Tendo um montante acumulado, é natural que o caminho do dinheiro dos poupadores comece a passar pelo campo dos investimentos. No entanto, é preciso ter consciência do motivo que nos leva a juntar dinheiro, que deve ser a realização dos nossos sonhos.

Sem esse tipo de realização pessoal o acúmulo do dinheiro perde o sentido, e a felicidade não é plena, pois os sonhos são o sentido de nossas vidas. Lembremo-nos de que em Jesus encontramos uma proposta de vida totalmente equilibrada. Como nos mostra o Evangelho, o problema não é o dinheiro em si, mas para onde o estamos direcionando, assim como o nosso coração.

Capítulo 2
Descobrindo os seus verdadeiros números

"E conhecerão a verdade, e a verdade os libertará."
(João 8:32)

Assim como procuramos o médico uma vez por ano a fim de checar se a saúde vai bem, devemos proceder da mesma forma para descobrir como anda a nossa saúde financeira.

No médico, é provável que você seja orientado a fazer alguns exames de rotina. E, no que se refere à sua saúde financeira, isso também é recomendável.

Portanto, proponho que você realize um diagnóstico financeiro para visualizar a real situação em que você está, bem como para descobrir qual é o seu "eu" financeiro.

Diagnosticar é o primeiro passo da Metodologia DSOP e consiste em tirar uma "radiografia" precisa de todas as suas despesas, por um período de trinta dias corridos para aqueles que têm ganhos fixos e noventa dias para aqueles que têm ganhos variáveis.

Durante esse tempo você deve se comprometer a colocar na ponta do lápis todos os débitos que fizer — no ato da compra ou do pagamento de algum serviço ou produto —, de maneira que tenha, no fim do mês, uma visão completa do caminho que o seu dinheiro percorreu nesse intervalo.

Tome nota de todo e qualquer dinheiro que saia do seu bolso, sem exceções, centavo por centavo; registre em uma caderneta, agenda ou ainda em um Apontamento de

Despesas no momento do gasto, porque se deixar para depois certamente esquecerá.

Fique atento à maneira como deve fazer essas anotações: seus gastos devem ser registrados por tipo de despesa. Em cada página do seu Apontamento (ver p. 155), você deve colocar a categoria da despesa a que ela corresponde, como teatro, bar, restaurante, feira, gasolina, pet-shop, curso de inglês, mercado etc.

Após totalizar cada despesa, você terá a chance de visualizar que tipo de gastos tem feito com mais frequência e em maior valor.

Com o diagnóstico financeiro concluído, é preciso reunir a família, analisar despesa a despesa e propor reduções conscientes, visando ao melhor aproveitamento do dinheiro ganho.

Percebendo os excessos nos gastos, você será capaz de ponderar se deseja mesmo gastar R$120,00 por mês em pizzas, por exemplo, ou desperdiçar R$50,00 em cafezinhos.

Pode ser que, ao concluir essa análise, você opte por manter algumas despesas que lhe dão prazer momentâneo. Porém, ao abrir a carteira para retirar o dinheiro que financiará esse hábito, certamente pensará duas vezes antes de fazer isso.

Após o diagnóstico, algumas pessoas se tornam mais conscientes do ato de gastar e, mesmo sem perceber, reduzem a movimentação financeira no que se refere aos excessos de consumo.

E, para cuidar bem do seu dinheiro, uma das orientações mais preciosas é reter, proteger ou guardar parte do dinheiro que passa e passará por suas mãos.

Apurando os totais das suas despesas

Uma vez apurados os seus verdadeiros números, é chegada a hora de analisá-los. Segundo pesquisas, a maior parte das pessoas, ao finalizar o diagnóstico, constata que cerca de 25% são excessos e/ou supérfluos.

É preciso ficar atento a todas as despesas sem exceção, inclusive as despesas essenciais, como energia elétrica, água, telefone, alimentação, entre outros. Estou falando daquele momento em que você escova os dentes e deixa a torneira aberta mesmo não precisando da água naquele instante, ou das luzes acesas durante o dia.

Tudo isso, que poderia ser economizado, acaba sendo desperdiçado, correspondendo a um valor considerável das suas despesas, que poderia contabilizar positivamente no seu bolso, mas que, ao contrário, tem entrado no seu orçamento como um número negativo em seus extratos.

É nessa hora que percebemos que os pequenos gastos podem se tornar grandiosos, cruzando os limites do nosso orçamento. Isso sem falar no hábito de tomar aquele cafezinho no meio da tarde ou saborear uma deliciosa sobremesa após o almoço, o que não é errado, desde que praticado esporadicamente.

É muito comum entrar na padaria para comprar pão e acabar comprando outros produtos que não estavam programados. Nesse caso, compramos aquilo que não necessitávamos, com o dinheiro que não temos, pelo simples impulso dos nossos olhos. O problema é que essa prática semanal — e até mesmo diária — pode custar caro no fim do mês e do ano.

Se você está se vendo em algumas dessas situações, é importante parar e refletir sobre o que é necessário e o que não é necessário para a sua qualidade de vida.

O grande problema na administração do dinheiro de muita gente é justamente o cultivo dos maus hábitos de consumo. Portanto, antes de encher o carrinho de supermercado com produtos não previstos ou ir até a padaria e encher vários saquinhos de doces, pães etc., pare e pense: você tem o dinheiro necessário para este gasto? Se não comprar agora vai fazer falta? Pode deixar para outro momento?

Essas e outras perguntas poderão ajudá-lo a discernir sobre o que é essencial e o que pode ser excesso ou até mesmo supérfluo, pois somente tendo em mente a clara diferença entre essas duas categorias é que você poderá fazer as suas escolhas daqui por diante.

Aprendendo a diferenciar o que é essencial do que é supérfluo

Muitas vezes uma espécie de cegueira toma conta das pessoas, e elas começam a confundir o que é essencial com o que é supérfluo. Quando ouço alguém dizer "preciso comprar aquela blusa de qualquer jeito senão eu morro" ou "vou comprar aquele carro nem que seja a última coisa que eu faça na vida", vejo que realmente a educação financeira necessita entrar nas salas de aulas para que novas gerações conscientes possam surgir. Elas serão capazes de enxergar e discernir o que poderão comprar sem comprometer a saúde financeira.

Com a ausência de educação financeira de grande parte da população, o resultado não poderia ser outro: endividamento de forma não controlada, o que gera a inadimplência. Isso significa que as pessoas não conseguem honrar os seus compromissos e prestações no dia dos vencimentos.

O comprometimento dos ganhos com relação ao endividamento para milhões de brasileiros já ultrapassa 50%, o que mostra um total desequilíbrio do controle do dinheiro que entra e do que sai. Muitos já não se dão conta da diferença entre ter feijão com arroz para comer e ter um telefone celular de última geração. O primeiro item faz parte das necessidades básicas do ser humano, e o segundo é algo sem o qual se pode viver.

No entanto, já presenciei casos de pessoas que ostentavam o aparelho celular mais sofisticado, moderno e, logicamente, mais caro, mas não tinham dinheiro para comprar o próprio alimento da família. Parece exagero, mas não é!

Quando você compra um chiclete está se proporcionando um prazer com duração aproximada de trinta minutos. Depois, aquilo passa a ser algo descartável. E eu lhe pergunto: que diferença fez na sua vida comprar um chiclete?

Você pode argumentar: "Mas, Reinaldo, um chiclete é algo tão barato. Que diferença faz no meu bolso o valor que paguei por ele?"

E lhe digo que um chiclete fará pouca diferença, mas se você mascar cinco por semana, terá consumido vinte unidades no mês e, se mantiver essa média de consumo, serão mais de duzentos chicletes num ano.

Se você me disser que ainda assim é pouco, eu o alerto não para o valor real do chiclete, mas para o comportamento condicionado que você está adotando na sua rotina.

Da mesma maneira como você consome o chiclete com o pensamento de que o valor é irrisório, passará a consumir o cafezinho, a revista semanal, o salgadinho fora de hora, o bombom de doce de leite etc.

Mais do que o custo financeiro, o que preocupa é a atitude compulsiva de sempre abrir a carteira e soltar dinheiro, como se ele não tivesse importância ou valor.

Com o passar do tempo, você nem questiona mais o que é gasto supérfluo ou essencial, apenas saca as notas e vai pagando tudo o que vê pela frente, movido pelo automatismo, pelos apelos de consumo e pelo costume que você adotou para a sua vida, costume esse que começou lá atrás, com o chiclete, lembra?

Por tudo isso, antes de abrir mão de algumas moedas ou de cédulas que são suas, conquistadas com o seu trabalho, pense trinta vezes: isso é essencial na minha vida ou é algo supérfluo, do qual não preciso para viver? Lembre-se sempre, e anote se possível, das palavras do Senhor: "Por que gastar dinheiro naquilo que não é pão, e o seu trabalho árduo naquilo que não satisfaz? Escutem, escutem-me, e comam o que é bom, e a alma de vocês se deliciará com a mais fina refeição" (Isaías 55:2). Portanto, invista no que é necessário e evite cair na insensatez.

CAPÍTULO 3
ENTENDENDO O QUE SÃO BENS DE VALOR E BENS SEM VALOR

"Fixamos os olhos, não naquilo que se vê, mas no que não se vê, pois o que se vê é transitório, mas o que não se vê é eterno." (2Coríntios 4:18)

Seguindo a mesma linha de reflexão que já havíamos traçado para levantar a questão das coisas essenciais e das supérfluas, toco em outro ponto importante a ser considerado sempre que você optar por fazer uma compra ou contratar um serviço: o valor que isso agregará na sua vida.

Estou falando dos bens de valor e dos bens sem valor. A casa própria é um exemplo de um bem de valor, pois a conquista dela trará mais qualidade à sua vida, bem como aumentará o seu patrimônio financeiro.

No entanto, um aparelho de som ou um sofá são considerados bens sem valor. Tem gente que vem argumentar comigo: "Mas, Reinaldo, eu não posso deixar as visitas sentarem no chão, eu preciso de um sofá. Além disso, ele dura por um bom tempo quando bem-cuidado e, assim, agrega conforto à minha vida."

Costumo dizer que alguns produtos trazem conforto e facilitam a vida da gente: um sofá, um carro, uma geladeira. Entretanto, não são considerados bens de valor, pois, ao saírem da loja, esses itens já não possuem o preço que pagamos por eles.

Numa situação emergencial, se você quiser vender o seu carro, não receberá por ele a mesma quantia que desembolsou para adquiri-lo, por exemplo. E, em muitos casos, mesmo efetuando a venda, ainda assim ele poderá deixá-lo com dívidas.

Já um investimento financeiro num curso técnico ou universitário, por exemplo, é categorizado como um bem de valor, pois tudo o que foi adquirido em conhecimentos e capacitação profissional poderá, posteriormente, ser revertido em melhores condições de trabalho, aumento de renda, crescimento no plano de carreira etc. Ou seja, os gastos feitos para obter mais instrução, escolaridade básica e graduação são tidos como um investimento que gerará, no futuro, um retorno junto ao seu patrimônio financeiro, acarretando também em mais qualidade de vida para você e a sua família.

Portanto, daqui para frente é importante que você saiba identificar o que agrega valor ao seu patrimônio financeiro, o que agrega valor à sua qualidade de vida e o que agrega valor à sua bagagem de conhecimentos gerais.

Eliminando as despesas excessivas

Após o entendimento do que é supérfluo e do que é bem sem valor, é recomendável fazer uma nova análise do seu diagnóstico financeiro. Se o propósito é cuidar bem do seu dinheiro, seja franco consigo mesmo e responda: qual é o percentual de gastos registrados no seu Apontamento de Despesas que poderia ser eliminado?

Voltamos ao cafezinho, ao chiclete, ao chocolate, à revista, ao chuveiro ligado por um tempo desnecessário, à comida que vai para o lixo, às folhas de papel que poderiam virar rascunho e são jogadas fora, à troca de aparelhos eletrônicos (quando os que você possui ainda funcionam bem), ao sapato e à bolsa que combinam (quando você já tem várias), ao aluguel que você paga — será que é mesmo o melhor negócio? — etc.

Na luta por reduzir despesas, as contas de água, luz e telefone são as primeiras que devem ser analisadas. Os excessos podem e devem ser combatidos. Já vi casos de pessoas que pagavam R$150,00 pelo uso de energia elétrica e, após fazerem o diagnóstico, passaram a ficar mais atentas a isso, tendo uma redução de mais de R$80,00 no mês seguinte.

Esteja atento também às taxas de conveniência quando você adquire ingressos para shows, peças teatrais, entre outros, por telefone (nada convenientes para o seu bolso). Há empresas que chegam a cobrar mais de 10% sobre o valor dos ingressos, somente pela comodidade da compra via linha telefônica, o que, na minha opinião, deveria ser um serviço gratuito a fim de conquistar o cliente.

As anuidades dos seus cartões de crédito também seguem essa premissa. Sendo ou não usados, estão lá taxas que, em muitos casos, extrapolam o valor de R$300,00. As administradoras fatiam esse custo em várias parcelas embutidas na fatura do cartão, e a maior parte das pessoas nem percebe, ou finge que não vê.

Se você telefonar para a sua administradora e disser que cogita o cancelamento por conta dos altos valores de anuidade, imediatamente será "premiado" com dois ou três anos de isenção de taxas do seu cartão. Portanto, seja firme e mãos à obra.

Aconselho a fazer o mesmo no que se refere a taxas de adesão de serviços de internet, telefone, TV a cabo, entre outros desse tipo, além de matrículas em cursos de língua estrangeira, academia de ginástica, aulas de artes, clubes esportivos etc.

Garanto que somando todas essas despesas você terá uma quantia considerável que poderá ser poupada na sua conta bancária, valor este que hoje está indo para a lata do lixo.

Portanto, na hora de abrir a carteira e tirar qualquer real que seja, pergunte-se: "Isso é essencial ou supérfluo?" E mais: "Isso é um bem que agregará valor à minha vida ou é apenas um bem que me trará um prazer momentâneo?" E por fim: "Isso é algo que pode ser dispensado?"

Como nos diz o Evangelho, é o Senhor quem constrói a casa, quem guarda a cidade. Nós estamos aqui para colaborar, realizando a parte que nos cabe. O salário que recebemos no fim do mês é um dos frutos da ação da mão cuidadora de Deus. O que somos, além do que temos, vem de Deus, assim como a luz da Lua vem do Sol. Se o Senhor o dotou de inteligência e o capacitou a exercer determinada função, dando-lhe a graça de um trabalho, é preciso que você faça a sua parte para conseguir aproveitar, de maneira plena e satisfatória, aquilo que Deus nos provê. Assim sendo, aprender a utilizar de maneira inteligente o dinheiro que ganhamos com o nosso suor também é ser agradecido ao Pai.

Pensando dessa forma e considerando essas indagações, você se sentirá mais seguro, de hoje em diante, para efetuar uma despesa. Ou dispensá-la, se a julgar desnecessária.

Capítulo 4
Refletindo sobre o seu verdadeiro padrão de vida

"Nada trouxemos para este mundo e dele nada podemos levar; por isso, tendo o que comer e com que vestir-nos, estejamos com isso satisfeitos."
(1Timóteo 6:7-8)

A falta de contentamento com o que temos pode nos levar a inúmeras falhas. Moisés, atendendo à ordem de Deus, salvou os israelitas da escravidão egípcia, levando-os ao deserto, onde lhes eram servidos alimento e água. Contudo, os israelitas começaram a queixar-se da pouca fartura e das condições precárias encontradas no deserto. Assim, passaram até mesmo a desejar voltar ao Egito, para a escravidão do faraó. Diante dessa ingratidão, foram castigados pelo Senhor. Só depois de quarenta anos de peregrinação no deserto é que alcançaram a terra prometida.

A história de Moisés e do povo israelita nos leva a pensar sobre um fator que contribui muito para que algumas pessoas percam o equilíbrio financeiro: o desejo de viver num padrão de vida acima do que os seus rendimentos permitem.

Essas pessoas, a fim de transitar por um mundo que não é o seu, passam a torrar todo o dinheiro que possuem em roupas, restaurantes e outras despesas feitas com o intuito de ostentar aquilo que os não possuem.

Orientadas por status, grifes e modismos, perdem o controle das finanças facilmente e, o que é pior, escondem sua real situação dos amigos e familiares. E quando esse comportamento se torna um problema, a situação já está tão crítica que, por vezes, não há como reverter o quadro, a não ser por meio de um grande sacrifício.

Como terapeuta financeiro, atendo casos extremos como o de uma jovem que, movida pelo desejo de pertencer a um círculo de amizades, começou a fazer uso do seu cheque especial a fim de bancar os custos elevados da "alta-roda" e, posteriormente, passou a retirar empréstimos para cobrir o cheque especial e acabou por se emaranhar numa bola de neve de juros sem fim.

Teve como resultados: o nome incluso nos sistemas de proteção ao crédito, a perda dos "amigos" da tal "alta-roda" — se é que eram amigos —, além de uma queda seriíssima da autoestima.

Isso é o que acontece com quem tenta viver no mundo das aparências. Se você não consegue bancar as suas necessidades básicas, não terá como arcar com gastos mais ambiciosos.

Em sala de aula, como professor de educação financeira, costumo recomendar que as pessoas passem a viver sempre num degrau abaixo do padrão de vida que podem bancar. Dessa forma, elas poderão ter mais segurança de que, de fato, conseguem custear uma vida dentro das suas condições financeiras e terão a possibilidade de investir numa reserva estratégica para utilizar caso algum infortúnio venha a ocorrer. Essa é mais uma das orientações valiosas para os que desejam cuidar bem do seu dinheiro e protegê-lo das imprevisibilidades da vida.

Mudando hábitos: buscando novos caminhos e alternativas

Como você pôde ver até aqui, após o diagnóstico, o caminho para que você possa cuidar bem do seu dinheiro é fazer uma verdadeira faxina financeira, mudar hábitos na sua vida. Ou seja, mais de 50% do trabalho está nas suas mãos, depende da sua força de vontade e perseverança.

Já levantamos a necessidade de corte de vários tipos de despesas excessivas, e, dentro dessa tarefa, há uma reflexão que ainda não foi feita: as marcas dos produtos que você tem adquirido até aqui.

Muitas pessoas são apegadas a rótulos, logotipos, cores de embalagens e status de produtos, determinados por suas propagandas comerciais.

Será mesmo que algumas marcas se diferenciam das outras? Em alguns casos, concordo. No entanto, há uma série de produtos similares, mais baratos, que oferecem os mesmos resultados, mas ainda assim, as pessoas optam por levar o de maior preço por ter visto alguém famoso fazer uso daquilo em *outdoors* ou na televisão.

Falo de chinelos, refrigerantes, creme dental, toalha, roupa de cama, sabão de coco etc. Agora me digam: será que existe mesmo uma estupenda diferença entre lavar roupa com um sabão de coco X ou Y?

Pensando nessa questão, o meu conselho é: permita-se experimentar. Pesquise preços, busque outros estabelecimentos comerciais — não fique apegado àqueles que já se habituou a frequentar — e se dê a liberdade de conhecer outros produtos.

E já que está "mudando de vida" mesmo, que seja de boa vontade, com sorriso no rosto, entregue ao que vier: transforme-se! Desde a escolha do sabão de coco até o movimento de abrir e fechar a carteira. Renove-se para entrar numa nova vida, mais próspera e cheia de realizações!

Adeque-se a um novo padrão de vida, cuja relação de custo e benefício deverá ser adotada. Lembre-se de evitar as compras daquilo que você não necessita, com o dinheiro que não tem, para impressionar quem conhece e quem nem mesmo conhece!

Quando somos influenciados e nem percebemos

Você já parou para pensar no poder de influência que agentes externos podem ter sobre a sua vida? Será que você veio ao mundo para influenciar pessoas ou ser influenciado?

Refiro-me mais especificamente a propagandas comerciais, anúncios publicitários e outras estratégias de marketing como slogans e merchandisings, produzidos com o intuito de convencê-lo de que você precisa comprar algo que quase nunca é necessário. Lembre-se dos israelitas, tentados a buscar algo que consideravam melhor, mas que na verdade era apenas uma ilusão. Já possuíam tudo do que precisavam e já não eram mais escravos. E você, também tem se tornado um escravo de propagandas que o levam a consumir produtos desnecessários?

São centenas de agentes externos que tentam ditar a moda, os costumes e os hábitos das pessoas. Grande parte delas se deixa seduzir e acaba consumindo tudo o que vê pela frente, tendo na ação de comprar um comportamento automatizado.

Essas pessoas podem ser consideradas influenciáveis e, muitas vezes, sucumbem financeiramente pela falta de controle dos desejos. O que elas não percebem é que esses desejos que pensam sentir — por um sapato, uma bolsa ou um relógio caros — são fruto da manipulação de ações marqueteiras produzidas pelo mercado de consumo. Não podemos combater essas influências e o sistema mercadológico, mas devemos aprender a lidar com eles.

Sabendo disso, é importante que você decida de que lado quer ficar. Se você escolhe estar no mundo para influenciar pessoas, conseguirá resistir às tentações "fabricadas" por esses agentes externos e também ajudar os outros a fazerem o mesmo.

E a maneira mais inteligente de fazer isso é se educar financeiramente e repassar esses ensinamentos aos seus amigos, irmãos e familiares. O caminho mais longo para obter um bem de consumo pode ser o mais acertado.

Poupando o seu dinheiro, sem se deixar influenciar por agentes externos, você estará adquirindo algo que deseja, com consciência e responsabilidade, e dando o exemplo para os que estão ao seu redor, incluindo crianças e jovens, ainda em fase de formação de identidade. Pense nisso!

Comprar bem e com consciência

Costumo dar algumas orientações de como comprar de maneira consciente, sem confundir uma aquisição planejada com a atitude compulsiva de gastar dinheiro.

Muitas vezes, as pessoas passam da posição de consumidoras a consumistas e nem se dão conta dessa transformação. Se você já não sabe de que lado está, a minha recomendação é que antes de realizar uma compra você se faça as seguintes perguntas:

- Realmente preciso desse produto?
- Que benefício ele vai trazer para a minha vida?
- Se eu não comprar isso hoje, o que acontecerá?
- Estou comprando por necessidade real ou movido por sentimentos como carência ou baixa autoestima?
- Estou comprando por mim ou influenciado por outra pessoa?
- Eu já queria isso há algum tempo ou, de repente, ao ver uma propaganda tentadora, resolvi que precisava realizar essa compra?

Refletindo sobre tudo isso, muitos pensamentos devem surgir, inclusive a possibilidade de não fazer a compra. Se essa for uma intuição forte, resista, pois talvez você de fato não precise daquilo naquele momento.

No entanto, se você optar por efetivar a compra, considere mais algumas perguntas:

- De quanto eu disponho, de verdade, para gastar com algo este mês?
- Tenho dinheiro suficiente para comprar à vista?
- Precisarei comprar a prazo e pagar juros?
- Terei, com certeza absoluta, o valor para pagar as parcelas subsequentes?
- Preciso do modelo mais sofisticado e da marca mais cara, ou um produto similar, mais básico, atenderia perfeitamente à minha necessidade?

Com essas questões em mente, tente readequar a sua compra, se for o caso, estudando a melhor relação custo e benefício, fazendo o possível para quitá-la à vista, não protelando responsabilidade alguma para os seus rendimentos futuros.

Capítulo 5
Sonho: o grande divisor de águas da educação financeira

"'Lá vem aquele sonhador!', diziam uns aos outros."
(Gênesis 37:19)

Quando falamos sobre fé, falamos sobre algo que não podemos ver. Trata-se de um dom de Deus, e quem a tem costuma possuir um coração sempre confiante.

Todos temos sonhos e desejos em nosso interior. Talvez, para alguns, o pedido mais recorrente a Deus seja o de ter um bom trabalho. Outros talvez desejem a casa própria e, com fé, buscam concretizar esse objetivo.

Em minhas escutas e consultorias, observo que os sonhos são os principais agentes de transformação de uma pessoa ou de uma família. Tendo um sonho como objetivo a ser alcançado, fica bem mais fácil praticar a educação financeira e tornar-se bem-sucedido no mundo das finanças.

Quando você deseja uma coisa com muita força, a vontade de lutar para conquistar aquilo é tão grande que você acaba disciplinando os seus gastos, pois parte do seu rendimento mensal deve ser destinado aos seus sonhos. E quanto maior for essa quantia, mais rapidamente os seus sonhos serão realizados.

Sonhar é o segundo passo da Metodologia DSOP. De acordo com a proposta, é recomendável que você escolha três tipos de sonhos para realizar: um de curto prazo (para conquistar em até um ano); outro, de médio prazo (podendo ser alcançado em até dez anos); e mais um, de longo prazo (a ser concretizado em mais de dez anos).

Essa subdivisão, como veremos mais adiante, ajuda as pessoas a se organizarem para, mês a mês, destinar uma quantia ao projeto de concretizar cada um desses sonhos. Ou seja, o plano de vida é facilitado de acordo com os prazos que você estabelece para cada sonho.

Esses prazos são muito importantes para que os seus sonhos não virem "lendas", ou seja, para que eles não fiquem sendo sempre adiados, perdendo a força e deixando de existir na realidade, mantendo-se presentes apenas no reino da fantasia.

O critério para estabelecer cada prazo vai depender da quantidade de dinheiro que você pode e quer separar, todo mês, a fim de acumular numa poupança a quantia total para a aquisição à vista de cada sonho.

Por exemplo, você sonha com um aparelho de TV cujo preço final é R$2.000,00. Para realizar essa aquisição sem contrair dívidas — porque prestações são dívidas —, estabelecendo um prazo de dez meses, você deverá guardar R$200,00 todo mês na poupança.

Ou seja, você deve acordar consigo mesmo o valor que poderá destinar aos seus sonhos e, dessa forma, calcular o prazo para a realização de cada um deles. Essa é uma maneira consciente e responsável de saciar os seus desejos sem meter os pés pelas mãos, mergulhando em caminhos não muito confiáveis que envolvem empréstimos e juros contra você. Portanto, fique atento.

Refletindo sobre objetivos, sonhos e merecimentos

Muitas pessoas, ao refletirem sobre o que sonham, acabam fazendo uma tremenda confusão entre pequenos prazeres imediatos, desejos momentâneos e suas verdadeiras vontades.

Percebo também que há um enorme engano quando se fala em merecimento. As pessoas costumam adotar o bordão "eu mereço" para se darem o direito de merecer tudo quanto é tipo de coisa: "Eu mereço um tablet porque trabalho muito"; "Eu mereço um fim de semana num resort na praia porque dou um duro danado dentro daquela empresa"; "Ah, eu mereço trocar de carro porque fui mãe, advogada e dona de casa o ano inteiro, jornada tripla, estou mais do que merecendo"; e por aí vai.

O repertório é vasto, tanto nos itens merecidos quanto nas justificativas para tê-los. Dentro dessa perspectiva, a minha pergunta é: "Você merece saciar desejos imediatos ou realizar os seus sonhos?"

Desejar é inerente à condição humana. Se você está vivo, você deseja. No entanto, será que você tem conseguido entender a diferença entre um desejo passageiro e um sonho?

Sonho é um projeto de vida, enquanto o desejo é um impulso do instinto. Há um grande perigo em não nos atentarmos aos nossos sonhos e nos perdermos por conta dos desejos que surgem na caminhada. Saul se deixou dominar pelos desejos: tomado pela inveja que sentia de Davi, acabou se perdendo e construiu a sua própria destruição. Judas Iscariotes, por sua vez, fora escolhido por Jesus para ser um de seus apóstolos, mas também se deixou dominar pelos seus desejos e jogou tudo fora por conta de trinta moedas.

Em nome do "eu mereço", muitas pessoas metem os pés pelas mãos e parcelam móveis, aparelhos eletrônicos, estadas em hotéis, aparelhos celulares, entre outros desejos comuns a homens e mulheres; jovens, adultos ou idosos.

Até que ponto vale a pena adquirir esse monte de bens — muitos sem valor — e contrair uma série de prestações, parcelamentos ou ativações de linhas de crédito diversas, em nome do "merecimento"?

Será que você merece se endividar e comprometer a sua renda por 10 ou 12 meses e ficar sem nenhum dinheiro no banco? E mais: quais dessas coisas que você acha que merece são, de fato, seus sonhos?

E aqui voltamos a falar da ansiedade, tão presente em nossa época. Aflitas para realizarem seus desejos o mais rapidamente possível, muitas pessoas acabam dando um passo maior do que a perna e depois são obrigadas a arcar com as consequências dos seus impulsos.

Certamente você já notou o quanto temos nos tornado imediatistas. Tudo tem que ser para ontem, desde a resposta de uma proposta de emprego até o carro novo. É fato que esperar é difícil, mas devemos nos lembrar de algumas sábias palavras das Sagradas Escrituras: "Entregue o seu caminho ao Senhor; confie nele, e ele agirá" (Salmos 37:5). Confie! Tudo tem o seu tempo certo... Ele agirá em seu favor!

Outro fator importante dentro desse tema é saber diferenciar desejo de sonho. Entender o que é um pequeno prazer instantâneo e o que é uma vontade grandiosa de realizar algo.

O valor de cada desejo ou sonho é variável para cada pessoa, portanto, não temos como calcular. Para algumas mulheres, a compra de um belo vestido para usar na noite de Natal pode ser um grande sonho, e para outras pode não ser.

Ou seja, só você poderá medir as suas vontades. Contudo, o que digo a todo mundo é: defina os seus sonhos e comece a guardar dinheiro para cada um deles, pois assim todos serão realizados. Somente dessa maneira as pessoas realizarão seus desejos sem comprometer o patrimônio familiar ou uma renda futura que ainda nem receberam.

Sonhos materiais: o dinheiro compra

Em meus ensinamentos, costumo dividir os sonhos em duas categorias: os materiais e os não materiais. Quando desejamos um carro, um aparelho de DVD, uma mesa de jantar, uma casa, um barco, estamos falando dos sonhos materiais.

Eles costumam ser vendidos em lojas e estabelecimentos comerciais diversos, e, para conquistá-los, precisamos ter um valor em dinheiro que seja correspondente à média de preço pelo qual estão à venda.

Se você estabelece uma meta de prazo para alcançar e uma quantia em dinheiro para guardar mensalmente a fim de fazer a compra sem parcelamentos, a orientação é negociar pelo preço à vista, afinal, você terá tempo para pesquisar e fazer uma boa negociação com o vendedor.

Todo produto possui, pelo menos, três preços: o preço de custo, o preço ao consumidor à vista e o preço ao consumidor a prazo. Ou seja, por mais que o funcionário da loja lhe diga que o valor anunciado é o mesmo para parcelamentos ou à vista, peça para falar com o gerente, pois sempre existe a possibilidade de descontos. Caso não consiga naquela loja, procure em outras; lembre-se que é preciso ter paciência e respeitar o dinheiro que poupou durante meses.

Toda compra à vista deve obter desconto, que pode variar entre 5%, 10%, 15% e até 20% do preço anunciado. Esses são os juros embutidos no valor do produto. Se você tem o dinheiro em mãos, não faz sentido pagar juros por ele, não acha? Porém, faço aqui uma ressalva para aquelas empresas que praticam preços bem abaixo dos concorrentes: lembre-se que toda loja tem seu limite de negociação, talvez encontre uma cujos preços já estejam muito abaixo da média do mercado.

E quando partimos para a realização de um sonho maior, como a aquisição da casa própria ou de um automóvel, os juros saltam aos olhos. Geralmente os financiamentos em longo prazo, mesmo com juros baixos, acabam dobrando ou triplicando o preço final do bem. Entretanto, é preciso saber que se trata de um bem de valor agregado e que traz conforto e segurança para a família. Caso queira adquirir uma casa própria e pague aluguel no valor equivalente ao de uma prestação, a opção deve ser, sem dúvida, o financiamento.

Mas se hoje você mora com os pais ou outros parentes e não paga aluguel, poderá optar por guardar o dinheiro equivalente à prestação do financiamento por sete ou oito anos e adquirir a casa própria com o seu próprio dinheiro, evitando assim o pagamento de juros. Lembre-se que pode ter os juros a seu favor: você pode guardar dinheiro ou pode pagar juros, você decide! Se puder esperar e conter um pouquinho a ansiedade, eu lhe garanto que fará um negócio muito melhor adquirindo tudo o que sonha à vista. Falo dos sonhos materiais, claro, porque os não materiais, que veremos a seguir, envolvem outros esforços que não só o dinheiro.

Ou seja, quando tratamos dos sonhos materiais, a fórmula é simples, e basta que você se determine a cumpri-la:

Qual é o sonho? Quanto ele custa? Quanto vai guardar por mês para realizá-lo? E em quanto tempo ele se concretizará?

Portanto, se alguns dos seus sonhos são materiais, arregace as mangas e mãos à obra, envolva toda a família nesse desafio!

Sonhos não materiais: o dinheiro não compra

Quando falamos de sonhos não materiais, a primeira coisa que vem à mente é: "O dinheiro não pode comprá-los; e agora?" Realmente, essa categoria de sonho exige um pouco mais do nosso esforço e da nossa determinação, mas, isso não exclui de todo o seu "poder de fogo" monetário.

O que quero dizer é que se você tiver uma boa situação financeira, ela poderá facilitar muito a sua jornada na busca pela concretização dos seus sonhos não materiais, sejam eles a aprovação num concurso, o diploma na profissão que deseja, o sucesso na vida familiar, combate ao analfabetismo financeiro, que é o meu grande sonho etc.

Dentro desse contexto, vamos trabalhar com a hipótese de um sonho não material que consta na lista de muitas mulheres que possuem dificuldades na área da maternidade: "Tenho dificuldade para engravidar, e meu sonho é ter um filho."

Ora, diante de um impasse desses, muitas pessoas diriam que para auxiliar num sonho assim, somente muita oração e um pouco de sorte. No entanto, eu lhe digo que as orações são muito bem-vindas, mas uma estabilidade financeira também pode ajudar bastante.

Para início de conversa, os tratamentos médicos voltados para a fertilidade podem custar caro e, muitas vezes, os planos de saúde não cobrem. Se você tiver uma boa condição financeira, terá a liberdade de escolher as melhores clínicas especializadas e os melhores profissionais para auxiliar neste maravilhoso sonho.

Indo um pouco mais longe nas suposições, vamos imaginar que todas as opções medicinais se esgotaram e, ainda assim, você não conseguiu ser mãe. Uma das hipóteses comuns é pensar na prática da adoção e, para passar por esse processo, você precisará comprovar para um juiz que a sua situação financeira é sólida, pois, do contrário, ele não lhe concederá a guarda de uma criança, visto que o custo para a criação dela é alto e que ela precisará de um bom ambiente e de pais com uma condição financeira estável.

No caso da aprovação num concurso, você precisará comprar livros, bancar aulas particulares; no caso da graduação numa universidade, sendo ela privada, você precisará pagar as mensalidades e, mesmo que seja pública, haverá gastos com cópias, encadernações, materiais didáticos diversos, transporte, alimentação etc.

Assim, podemos concluir que se você cuida bem do seu dinheiro, até os sonhos não materiais podem ficar mais próximos de se realizar. O Senhor o capacita a exercer funções e a ser remunerado por elas. E o "poder de fogo" monetário faz muita diferença, seja qual for o seu sonho; portanto, aprenda desde cedo a guardar uma parte dos seus rendimentos para que eles possam ser úteis no momento certo: na hora de concretizar os seus maiores desejos. Lembre-se sempre, também, que Deus está no controle de tudo; ele sabe das suas lutas e colhe cada uma das suas lágrimas. Permita o seu cuidado e espere, pois ele sempre terá o melhor para você.

Sonhos de curto prazo

Após a compreensão do que significam os sonhos materiais e os não materiais, outra orientação valiosa para os que desejam realizar sonhos é aprender a estabelecer prazos para concretizá-los.

Não importa o tamanho ou o preço do seu sonho, o que importa é saber quanto ele vai custar, para que assim você possa se programar para adquiri-lo dentro de um determinado tempo preestabelecido.

Pense que se você não estabelecer uma data, os seus sonhos ficarão distantes e acabarão sendo sempre deixados para depois, mês a mês, ano a ano, e você nunca se planejará fielmente no propósito de torná-los realidade.

Conforme já falamos, você deve listar três sonhos de diferentes preços. Tendo-os como objetivos a serem alcançados, você pode dividi-los em três categorias: curto prazo (para ser realizado em até um ano); médio prazo (que será alcançado em até dez anos); e longo prazo (cujo tempo para concretizar poderá ser de mais de dez anos).

Produtos como celulares, aparelhos de TV e eletroeletrônicos em geral costumam aparecer na lista dos sonhos de curto prazo de muita gente. Dentre os sonhos dessa categoria, também podem constar bens não materiais, como um curso de curta duração ou uma viagem num feriado.

Em princípio, você pode pensar que para esse tipo de sonho não precisa haver tanto planejamento, pois eles podem facilmente ser conquistados com pagamentos parcelados em várias e várias prestações. Se você realmente pensa assim, aí é que se engana. É justamente nos pequenos gastos e nas pequenas prestações que vamos nos endividando de maneira lenta e silenciosa.

Adquirindo prestações que irão comprometer a sua renda futura — um dinheiro que você nem tem ainda —, você entrará no grupo das pessoas que têm dívidas. Sim, quem tem prestações tem dívidas, repito.

Em contrapartida, se você se comprometer a guardar todo mês parte dos seus rendimentos a fim de acumular o valor total do seu sonho de curto prazo, estará galgando a realização do seu sonho de maneira sustentável, com a consciência tranquila de que não deve nada a ninguém.

Portanto, pense duas vezes antes de sair por aí parcelando tudo quanto é sonho de curto prazo, pois uma hora a corda arrebenta e você pode acabar comprometendo o futuro dos seus rendimentos num nível crítico, a ponto de ter pilhas e pilhas de prestações acumuladas e nenhum dinheiro guardado no banco para sobrepor esses valores. Como consequência disso, ficará inadimplente, o mesmo que, como diz o ditado popular, "quebrado", "falido", sem capacidade de pagamento para saldar o que se comprometeu a pagar.

Sonhos de médio prazo

Como já vimos anteriormente, estabelecer prazos para a concretização das aquisições que desejamos é ser previdente. Pagando à vista, além de não comprometer a sua renda futura, você pode ainda se beneficiar com descontos.

Para realizar um sonho de médio prazo, a estratégia não é diferente. Esses são os sonhos que podemos conquistar em até dez anos. Ou seja, há tempo suficiente para resguardar parte do seu ganho ou salário mensal de maneira que o valor total do bem possa ser obtido dentro de um período em que você se determinar a tal objetivo.

Dentre os sonhos de médio prazo, um dos mais comumente cobiçados é a compra de um automóvel. Quem não tem certamente quer ter. E quem tem quer trocar por um melhor. Todos nós podemos e devemos sonhar em ter nosso automóvel, afinal, trata-se de um bem que nos promove qualidade de vida, liberdade de ir e vir a qualquer momento. O problema é que, ansiosas, muitas pessoas podem acabar entrando numa furada por falta de planejamento e visão. Guiadas por status e anúncios publicitários que pregam ofertas imperdíveis e formas de pagamento para lá de facilitadas, elas embarcam na compra do automóvel dos sonhos sem saber direito onde estão pisando.

No entanto, se o imediatismo der lugar à ponderação, você logo perceberá que na hora de comprar um carro novo a conta é bem simples: se você parcelar um carro que hoje custa R$54.000,00 à vista em sessenta prestações, estará se comprometendo a pagar R$100.000,00 por ele no fim do financiamento. Ou seja, você "pagará dois para levar um". Parece mentira? Mas não é!

Pense também que o seu carro, ao sair da loja, já passou a valer 10%, 15% ou até 20% menos. Após um ano de uso, a depreciação (desvalorização) do automóvel já o faz valer 10% a menos, e assim sucessivamente. Portanto, todo cuidado é pouco.

O curioso é que, dentro desse mesmo ano de uso, o saldo devedor do seu financiamento, que era de R$100.000,00, cai para R$80.000,00. No entanto, o carro agora só vale, para o mercado, cerca de R$44.000,00.

Portanto, a orientação para realizar os sonhos de médio prazo é ser previdente e poupador. Com um pouquinho de paciência e disciplina, você poderá guardar uma quantia mensal que irá se acumular até chegar ao valor necessário para a aquisição do que quer que seja, à vista.

Sonhos de longo prazo

Quando pensamos em qualquer coisa a longo prazo, parece desanimador ter que esperar tanto tempo assim. No entanto, esse é um mal da nossa época, em que tudo é a jato, imediato, urgente.

Para construir um sonho de longo prazo é preciso ter disciplina e muita força de vontade. Todos os dias, temos que nos lembrar dos motivos que nos fazem prosseguir com o planejamento para a concretização desse grande desejo.

Muitas pessoas listam a aquisição da casa no entanto própria como sonho de longo prazo. No entanto, na ansiedade de realizar logo esse desejo, acabam se enrolando e, por vezes, desistem no meio do caminho.

Para fazer a compra de um imóvel ou adquirir qualquer outro sonho de longo prazo, é aconselhável que você analise as suas condições financeiras, descubra o seu "eu" financeiro. Monte um orçamento mensal no qual esse seu sonho de longo prazo seja também uma prioridade, saiba qual a quantia mensal de dinheiro deverá destinar para essa realização e, principalmente, comece a guardar.

Essa é a maneira mais segura e sustentável de concretizar um sonho de longo prazo. Eles podem ser mais difíceis e levar mais tempo para serem realizados, porém duram por muito tempo e a satisfação é imensa.

Outro sonho que deve ser inserido nas nossas vidas é o de se tornar independente financeiramente e ter uma aposentadoria sustentável. Faço aqui uma pergunta que nas minhas palestras e nos meus cursos costumo fazer: se você não receber mais seu ganho mensal, por quanto tempo conseguiria manter o seu atual padrão de vida?

Sem dúvida é uma pergunta difícil de ser respondida, mas posso afirmar que se hoje sua situação financeira permite apenas se manter por alguns meses, é preciso parar, refletir e entender que se hoje está assim, quando tiver com seus 60, 65 anos e quiser parar de trabalhar por necessidade, será alta a probabilidade de se complicar para manter a qualidade de vida. Quanto mais cedo começar a guardar dinheiro para uma vida saudável, melhor será a sua aposentadoria.

Seremos no futuro o reflexo de como estamos hoje, por isso é sempre importante pensar no amanhã e começar imediatamente a construção desse que é, ainda hoje, um dos mais importantes sonhos: ter uma vida saudável, sustentável e próspera financeiramente.

Também faço aqui um alerta para que você sempre tenha ao mesmo tempo três sonhos no mínimo: um curto (até um ano), um médio (até dez anos) e um de longo prazo. Não podemos apenas pensar no hoje e tampouco somente no amanhã. É preciso viver sempre realizando desejos e sonhos, por isso a Metodologia DSOP de educação financeira vem fazendo grande diferença na vida das pessoas e famílias.

Bens de valor e bens sem valor

Quando paramos para pensar nos nossos sonhos, há um fator relevante a ser ponderado: até que ponto aquilo pelo que vamos lutar é um bem de valor ou um bem sem valor?

A diferença entre um e outro é simples. O bem de valor é todo aquele que agrega qualidade à sua vida, proporcionando a construção de um futuro mais tranquilo, sendo também um aumento do seu patrimônio econômico. Um bom exemplo disso é a aquisição da casa própria.

Outro exemplo de bem de valor é o investimento num curso superior, mesmo quando a universidade é privada, o que lhe acarretará um custo alto até a conclusão dos seus estudos.

A formação acadêmica lhe proporcionará um acúmulo de conhecimento, — gerais e específicos —, assim como lhe garantirá uma qualificação profissional. Estando mais preparado para enfrentar o mercado de trabalho, você terá a possibilidade de assumir um cargo com uma boa renda mensal e chances de se capacitar ainda mais a fim de elevar a sua posição no seu emprego. Em suma, estamos falando aqui de um bem de extremo valor.

No entanto, quando você compra um produto eletroeletrônico, por exemplo, está investindo em algo que, um ano depois, já não possuirá valor algum, pois, ao sair da loja, esse tipo de aparelho já perde o seu valor de revenda, e com o tempo vai ficando desatualizado, uma vez que as empresas lançam periodicamente um similar mais moderno e cheio de vantagens que o anterior não possuía.

A aquisição do carro, por exemplo, como já vimos anteriormente, é também um investimento que vai perdendo o seu valor ao longo do tempo. Isso sem falar na forma de pagamento. Nos casos de financiamento, torna-se mais complicado ainda pensar que você está conquistando um bem de valor, financeiramente falando.

No entanto, devo ressaltar também que não devemos pensar somente nos aspectos negativos de um bem, mas também na nossa qualidade de vida. Devemos ficar atentos ao que realmente nos agrega valor e pensar se podemos ou não ter esse ou aquele bem, nesse ou naquele momento da vida. Somos seres humanos e merecemos, sim, ter sempre mais qualidade de vida. Para tanto, é preciso que sejamos educados financeiramente.

Ainda falando do carro, o que vem causando grandes problemas não é muitas vezes a prestação, e sim a manutenção (combustível, seguro, licenciamento, DPVAT, IPVA, lavagem, estacionamento, inspeção veicular, depreciação), que corresponde, na média mensal, a 2% sobre o valor do veículo. Todo cuidado é pouco!

Portanto, quando você for pensar nos seus sonhos, pondere sobre que tipo de valor eles irão agregar à sua vida, quanto custará mensalmente para mantê-los, antes de tomar a decisão de investir o seu dinheiro na aquisição de cada um deles. Jesus, mesmo tendo enfrentado quarenta dias de fome e sede no deserto, não transformou pedra em pão, em vista de seu intuito: seu plano de amor e salvação de todos nós. Lembre-se sempre de seu exemplo e de que as oportunidades devem ser aproveitadas sempre em prol de nosso crescimento como seres humanos. Como Jesus, saibamos que para a construção de sonhos, de objetivos maiores, é preciso renunciar a diversos desejos.

Capítulo 6
O sonho de se livrar das dívidas

"Se alguém não cuida de seus parentes,
e especialmente dos de sua própria família,
negou a fé e é pior que
um descrente." (1Timóteo 5:8)

Se você tem dívidas, deve estar pensando que tudo o que leu neste livro até aqui não serve para a sua vida. É natural que esteja enxergando as coisas dessa forma, mas saiba que tudo o que aprendeu até aqui funcionará também para o seu caso, mas faço aqui uma pausa para que você possa refletir um pouco. Pense e responda: até hoje, o dinheiro que você ganhou e gastou vinha sendo administrado de uma forma que não lhe trouxe tranquilidade financeira? Reflita novamente. A partir de agora é preciso prestar muita atenção e colocar os ensinamentos em prática. Assim você verá que pode, sim, reverter essa situação. Acredite, tudo depende apenas de você, do seu esforço e da sua perseverança.

O endividamento costuma levar as pessoas a um estado de desânimo e, algumas vezes, até de depressão. Tristes, as pessoas que possuem dívidas acabam deixando de sonhar, achando que não nasceram para a prosperidade e que jamais conseguirão restabelecer o controle das suas finanças.

Nas minhas escutas como terapeuta financeiro, pude acompanhar diversos casos de pessoas que ficaram por mais de vinte anos quitando moderadamente as suas dívidas sem ter a chance de realizar outros desejos. No entanto, mesmo quem tem dívidas pode e deve sonhar. Costumo recomendar às pessoas que estão nessa situação que estabeleçam seus três sonhos — de curto, médio e longo prazos —, listando numa dessas categorias o sonho de sair das dívidas. Dessa forma, você passará a guardar todo mês uma quantia destinada à quitação dos seus débitos mais críticos.

A premissa aqui é bem clara: toda dívida tem o seu valor, e, projetando a quantia exata que irá poupar todo mês e em quanto tempo o fará, você terá total condição de pagá-la. E fará isso com consciência, de maneira que não comprometa outros sonhos, como o da aposentadoria, da compra de um carro etc.

Portanto, mesmo que você esteja endividado até o pescoço, comece a poupar e passe a comprometer parte dos seus ganhos com um projeto saudável e eficaz que envolva a sua realização pessoal e o sucesso na busca pela concretização dos seus sonhos.

Quando falamos nos sonhos e na forma para realizá-los, devemos pensar não somente no campo do individual, mas também no do coletivo. As famílias também possuem sonhos em comum: a compra de um automóvel mais espaçoso e confortável, uma viagem de férias, a aquisição de uma TV de quarenta polegadas, entre tantos outros.

Para determinar quais são os sonhos comuns na sua família, reúna todos para um bate-papo descontraído no qual cada um terá a sua chance de falar sobre o que deseja para todos ou para a casa em que moram. Mas chamo aqui a atenção para a importância dessa reunião acontecer sem discussões. Lembre-se que o motivo principal são os "sonhos". Ninguém vai querer sentar à mesa para falar sobre redução de gastos, não é mesmo? Também chamo a atenção para que as crianças também estejam presentes, expressando os seus sonhos e desejos.

Quando os sonhos familiares estiverem determinados, você deve então levantar o debate sobre as estratégias para realizá-los com sustentabilidade e solidez.

Explique aos membros da sua família que os sonhos devem se tornar prioridade nas suas vidas, por isso vocês precisam reter parte dos ganhos mensais para destiná-los a essas realizações. Ao colocar os três sonhos no papel, converse com todos de maneira que se chegue a um consenso no que se refere ao tempo em que pretendem alcançá-los e que quantia irão poupar por mês para concretizá-los de fato. No caso das crianças, é preciso que elas contribuam com a economia, ajudando a gastar menos energia elétrica, água etc. Lembre-as de que cada centavo economizado deverá ser destinado para os sonhos e desejos, como uma boneca ou uma bola, que poderão ser adquiridos com mais facilidade e rapidez se elas ajudarem a economizar. Experimente fazer a seguinte experiência: quando elas estiverem demorando muito no banho, bata na porta e diga: "Filho, filha, a sua bola ou a sua boneca podem vir mais rapidamente se você tomar um banho menos demorado." Nos lares brasileiros, em média, se gasta 25% de excesso em tudo que se consome.

Imagine se você tivesse economizado um percentual de todos os salários já recebidos. Quantos sonhos já teria realizado?

O tempo pode ser o grande aliado

Como vimos, todos os sonhos são objetos de desejo possíveis de realizar. O que vai determinar essas conquistas será o seu empenho e a sua dedicação em administrar o seu dinheiro tendo como prioridade o resguardo dos valores mensais que serão destinados a eles.

Nessa caminhada, o tempo pode ser um grande aliado. Se você começa a poupar desde cedo, desde o seu primeiro emprego, por exemplo, terá chances de alcançar a independência financeira em menos tempo, podendo "se aposentar" na faixa dos cinquenta anos.

Quando falo em "aposentadoria" — e veja que coloco entre aspas —, refiro-me a um patamar confortável em que você pode parar de trabalhar, se quiser, pois já tem uma quantia guardada ou um patrimônio que lhe renda ganhos, como aluguéis, que lhe garantirá uma boa renda mensal. Ou seja, você terá conquistado a situação de trabalhar apenas por opção, prazer, e não por necessidade e obrigação.

No entanto, se esse não é o seu caso, se você não cuidou do seu futuro a longo prazo, lá atrás, no início da sua vida profissional, é chegada a hora de arregaçar as mangas, pois nunca é tarde para começar.

E, tomando como exemplo a sua história de vida, sugiro que faça algo para que os seus filhos não passem pelo mesmo. Para isso, é preciso orientá-los desde cedo no que diz respeito ao dinheiro e à educação financeira, e, se possível, facilitar um pouco a caminhada deles, pois para eles o tempo pode ser um grande aliado.

Quando uma criança nasce e seu pai abre para ela uma conta de investimento, passando a depositar mensalmente em uma aplicação como previdência privada ou tesouro direto o valor de R$100,00, por exemplo, essa criança terá, aos quarenta anos, uma quantia de aproximadamente R$1.000.000,00.

Acredito que no futuro teremos, sim, pessoas e famílias educadas financeiramente, desde que tenhamos pais conscientes hoje. Recomendo a todos os pais que, ao registrarem e tirarem a certidão de nascimento dos seus filhos no cartório, aproveitem também para abrir em uma instituição financeira uma previdência ou qualquer outro tipo de aplicação. Com isso estaremos construindo novas gerações de pessoas e famílias poupadoras, saudáveis e sustentáveis financeiramente.

Seus pais podem não ter tido condições de fazer isso por você, mas tendo a consciência de tudo o que falamos até aqui, com certeza você, se puder, fará isso pelos seus filhos. Além disso, é muito necessário que você os eduque para o uso consciente do dinheiro.

Josué disse: "Eu e a minha família serviremos ao Senhor." (Josué 24:15). Aquilo representava uma luta pela salvação daqueles que amava. Quando decidimos trilhar um caminho correto, sábio e sadio em relação à nossa vida financeira, plantamos uma semente que crescerá e gerará bons frutos.

Jesus muito aprendeu com seus pais terrenos, José e Maria. Aprendeu com eles a obediência, a humildade; essas qualidades o ajudaram a cumprir a sua missão de amor. Que assim também possamos ser, inspirando os nossos familiares na busca por uma vida melhor, por mais sabedoria no uso do dinheiro, a fim de que amplifiquemos o sentido de família ao praticarmos o hábito de cuidar das pessoas que amamos.

Capítulo 7
Os enganos do orçamento financeiro comum

"Qual de vocês, se quiser construir uma torre, primeiro não se assenta e calcula o preço, para ver se tem dinheiro suficiente para completá-la?"
(Lucas 14:28)

Quando se fala em orçamento, costuma-se pensar a respeito do assunto com base na seguinte fórmula:

RECEITAS – DESPESA = SALDO DO MÊS (SOBRA OU FALTA)

No entanto, essa forma de estabelecer o orçamento mensal pode facilmente nos condicionar a pensar que temos o valor total da receita disponível para ser gasto em despesas até que o saldo fique equilibrado, ou seja, zerado.

Muitas pessoas com quem converso costumam apresentar argumentações como esta: "Enquanto o saldo está azul no extrato bancário, eu sei que tem dinheiro na conta e vou gastando. Quando sobra um pouco de dinheiro e o mês ainda não acabou, eu me dou ao direito de fazer umas comprinhas ou sair para jantar fora num lugar especial, porque sei que logo mais cairá novamente na minha conta o salário do mês seguinte."

No entanto, agindo dessa forma, você não estará guardando nada para a concretização dos seus sonhos. O dinheiro vai sendo passado adiante, para as mãos de terceiros, e a sua conta estará, no fim de cada mês, sempre zerada. Ao se optar pelas facilidades de crédito, como cheque especial, crediários e cartão de crédito, gasta-se mais do que se deveria e poderia. Chegará um dia em que você não conseguirá mais honrar esses pagamentos e ficará inadimplente, com o nome negativado, protestado.

Por isso, costumo alertar as pessoas de que essa fórmula "receitas − despesas = saldo", considerada tradicionalmente como orçamento, é, na verdade, uma ferramenta defasada de planejamento das finanças.

Procure fugir dessa maneira ultrapassada de organização financeira e reveja a forma como vem lidando com o seu dinheiro, pois muito provavelmente os seus pensamentos já estão condicionados a conduzir as coisas desse modo.

Na Primeira Carta de Paulo a Timóteo, encontramos: "O amor ao dinheiro é a raiz de todos os males" (1Timóteo 6:10). Mas o que isso significa? O dinheiro, quando bem-usado, é algo muito bom. Quando o utilizamos para realizar sonhos e somos conscientes de que não precisamos apenas do dinheiro para viver, mas também de amigos, família, saúde etc., estamos fazendo bom uso dele. O que não devemos fazer é amar o dinheiro, tendo-o somente por ter, por simples acúmulo de bens.

Há uma maneira muito mais eficaz de estabelecer estratégias orçamentárias para quem busca a prosperidade e a realização dos sonhos. É o que veremos a seguir.

O diferencial do Orçamento Financeiro DSOP

Conforme vimos anteriormente, para cuidar melhor do seu dinheiro e se tornar uma pessoa próspera é preciso rever o orçamento tradicional que você já tem incorporado, via automatismo, nos seus hábitos ao administrar os seus rendimentos.

Se você pensar apenas na equação "receitas − despesas", não terá condições de reservar parte da sua renda para investir na realização dos seus sonhos.

Quando você destina um montante da sua receita para os seus sonhos, investindo esse dinheiro, antes de pagar as suas despesas mensais, você está aplicando numa nova maneira de organizar o seu dinheiro.

Essa é premissa do Orçamento Financeiro DSOP. Trata-se de um jeito diferente de administrar os seus rendimentos mensais, colocando os seus sonhos em primeiro lugar.

Nele, você transfere parte do seu ganho, do seu salário e de outras receitas que tiver para os sonhos tão logo o seu dinheiro caia na conta bancária, no começo de cada mês. Com a quantia que restar, aí sim você quitará as suas despesas corriqueiras. Chamo isso de adequar o seu ganho ao seu padrão de vida, garantindo a realização dos seus sonhos.

Você deve estar achando estranho e pensando que, desse jeito, ficará impossível adequar receitas e despesas, mas lhe peço que confie no que digo. No começo, essa readaptação será difícil, porém, com o passar dos meses, você verá que o método funciona.

Agindo dessa forma, você estará priorizando os seus sonhos e diminuindo a importância das suas despesas cotidianas, bem como diminuirá também, aos poucos, o tamanho delas.

Com a prática do Orçamento DSOP, ao longo do tempo você passará a gastar menos na ânsia de transferir valores cada vez maiores para "os sonhos".

A tendência é que você comece a cortar tudo o que for excesso e supérfluo das suas despesas mensais para que lhe sobrem alguns reais para poupar, pois, dessa forma, você estará acelerando a caminhada rumo à concretização dos seus sonhos de curto, médio e longo prazos.

É importante destacar que para que você possa colocar em prática o Orçamento Financeiro DSOP, é recomendável reunir a família e estabelecer as regras com relação às finanças da casa de modo que todos possam participar do processo de construção dos alicerces financeiros para a concretização dos sonhos individuais e coletivos.

Muitas vezes, dentro de casa, os outros integrantes não colaboram com o esforço de poupar em nome dos sonhos, e quando isso acontece cada um parece remar para uma direção, oposta à do outro, o que faz com que ninguém chegue a lugar nenhum.

Portanto, volto a falar: reúna todos os seus familiares num ambiente agradável, com um lanche à disposição, e proponha o compartilhamento de ideias e comprometimentos. Se houver crianças, deverá incluí-las também na ocasião e, para as pessoas que dividem a moradia com amigos, sugiro o mesmo.

Comece a conversa ressaltando o motivo de todos os esforços em torno de novas estratégias para a vida financeira: a realização dos sonhos, especialmente os coletivos.

Mostre o quanto cada um pode contribuir com atitudes individuais, estando atentos aos gastos, eliminando o consumo de produtos supérfluos, pesquisando preços antes de efetivar uma compra, trocando grifes e marcas dispendiosas por outras similares e, por fim, reduzindo despesas em geral.

É importante deixar claro que todos precisam assumir o compromisso de reduzir o consumo total da casa, mesmo que para isso tenham que abrir mão de certos luxos ou regalias.

Em muitos casos, na hora da compra, as pessoas se apegam a pequenos costumes e não conseguem mais se desprender deles. Por exemplo: fazer as compras alimentícias num determinado supermercado. Você nem sabe se o preço dos produtos é mais caro ou mais barato do que nos outros estabelecimentos do ramo, mas não abre mão de fazer as suas compras sempre no mesmo lugar.

Dessa forma, as pessoas vão se acostumando a ligar para a pizzaria cujo telefone já está fixado na porta da geladeira ou se apegam a determinada marca de sabão em pó e não se permitem experimentar uma semelhante, que seja mais em conta, e assim por diante.

Para que os sonhos coletivos realmente se realizem, é de extrema importância que toda a família esteja engajada nesse propósito. E o Orçamento Financeiro DSOP, que prioriza os sonhos, pode ser um grande aliado se você fizer com que todos entendam o seu funcionamento e as suas vantagens.

Capítulo 8
Planejando os 365 dias do ano

"Por que gastar dinheiro naquilo que não é pão, e o seu trabalho árduo naquilo que não satisfaz?"
(Isaías 55:2)

Uma boa dica para quem está engajado na prática do controle financeiro é prever todas as datas festivas do ano e projetar os gastos extras que geralmente se tem em cada uma delas.

Fazendo uma lista dos doze meses do ano, facilmente identificamos épocas em que acabamos por ter despesas extras que, se não forem previstas antecipadamente, poderão fazer um estrago no nosso orçamento.

Vejamos algumas delas: janeiro, férias escolares; fevereiro, Carnaval; março, voltas às aulas; abril, Páscoa; maio, dia das mães; junho, dia dos namorados; julho, férias escolares; agosto, dia dos pais; outubro, dia das crianças; dezembro, Natal e Ano-novo.

Como podemos perceber, em quase todos os meses do ano há motivos para que tenhamos mais despesas, além das nossas habituais. Elas devem ser contabilizadas dentro do seu orçamento, constando como um débito o qual você se programará.

A mesma coisa pode ser feita no que se refere às datas de aniversário de amigos e parentes mais próximos, aqueles para os quais costumamos dar presentes. Esse é também um foco de despesas extras que as pessoas não costumam prever no orçamento, e acabam por efetuar compras com a argumentação de que não tem outro jeito.

Também chamo aqui a atenção para os gastos com obrigações anuais, como: IPVA, seguro e licenciamento de veículo, seguro de vida, IPTU, imposto de renda, entre outros.

Portanto, crie o hábito de administrar as suas finanças olhando também para os gastos extras, esses que costumamos não contabilizar, pois muitas vezes eles podem estar minando as suas tentativas de poupar dinheiro.

Nas minhas escutas, tenho percebido algo muito interessante, e não é de hoje: a maior parte das pessoas, por incrível que pareça, não sabe ler o seu extrato bancário. Elas se confundem e não entendem muito bem o que está descrito nele. Os bancos podem e devem ser nossos aliados e não inimigos. Foi por conta de aplicações bancárias que pude alcançar minha independência financeira ao completar 37 anos. Nesses mais de 15 anos de independência financeira, posso afirmar que é preciso saber aproveitar o lado bom de tudo aquilo que está ao nosso redor, por isso é preciso valorizar cada centavo ganho e gasto, e isso também vale para as tarifas bancárias.

Ler um extrato bancário e até mesmo entender o que ali se encontra é extremamente importante. A expressão "limite disponível para saque", por exemplo, pode confundir algumas pessoas, levando-as a acreditar que aquele valor pertence a elas, quando, na verdade, somente parte da quantia citada é realmente de propriedade do correntista; o restante pertence à instituição financeira que lhe concedeu esse crédito. Para que esses equívocos não aconteçam, é preciso ficar atento e sempre procurar pelo "limite disponível para investimento". Esse termo é o que corresponde ao seu dinheiro real que está, como a própria expressão afirma, disponível para que você invista, seja no pagamento das suas dívidas de valor, na compra de algum bem essencial, em algum presente que você queira dar a si mesmo ou a alguém, entre outras opções.

Por isso, daqui pra frente, leia o seu extrato bancário com calma e compreenda o que está sendo informado ali. Se achar necessário, imprima-o uma vez por semana e anote em azul "meu dinheiro", onde consta o seu saldo real, não se esquecendo de escrever em vermelho "dinheiro do banco" ao lado do valor que corresponde ao limite do cheque especial.

Por mais tentador que seja, é vital que você entenda que não pode usar o limite disponível na sua conta bancária como se fosse uma renda extra no seu orçamento. Muitas pessoas caem nessa cilada, desesperadas por cobrir as últimas despesas de determinado período, quando o dinheiro de verdade já acabou e o mês ainda não.

Quando o seu dinheiro acaba antes do final do mês, é sinal de que você gastou mais do que poderia. Portanto, muito cuidado nesse período, pois ao ver o extrato bancário, o seu inconsciente poderá enganá-lo e fazer com que seus olhos brilhem mirando o tal "limite disponível", que, como já vimos, trata-se de um terreno perigoso e funciona como uma areia movediça: você entra e, aos poucos, é tomado por ela.

Capítulo 9
A diferença entre o dinheiro vivo e o dinheiro eletrônico no seu orçamento

---

"Deem a cada um o que lhe é devido: se imposto, imposto; se tributo, tributo; se temor, temor; se honra, honra. Não devam nada a ninguém, a não ser o amor de uns pelos outros, pois aquele que ama seu próximo tem cumprido a Lei."
(Romanos 13:7-8)

Às vezes, conversando com as pessoas, eu noto que muitas delas não conseguem chegar a uma conclusão quando perguntadas sobre o que pode ser mais vantajoso na hora de administrar o orçamento das suas finanças: andar com "dinheiro vivo" por aí ou pagar as despesas no cartão de crédito ou de débito?

Algumas alegam o fator da segurança, defendendo que o mais recomendável é fazer uso do chamado "dinheiro eletrônico". O pensamento faz sentido; no entanto, devo fazer uma ressalva nessa argumentação, pois nem todo mundo sabe utilizar esse meio de pagamento da forma como deveria.

Concordo que o dinheiro eletrônico é uma maneira muito mais segura de fazer pagamentos do que o dinheiro vivo. O que as pessoas precisam ter em mente é que aquele cartão de plástico carrega apenas o valor monetário que elas possuem na conta bancária.

O fato é que, ao passar o cartão na maquineta, você não vê o dinheiro saindo da sua conta. Em contrapartida, quando lidamos com as cédulas de real, palpáveis e visíveis, bem diante dos nossos olhos, sentimos que estamos gastando realmente aquele dinheiro, que a carteira ficou mais leve, que a quantidade de notas está diminuindo.

Já o cartão de débito não nos causa essa sensação física. O de crédito então, nem se fala. Por isso, é fundamental que você tenha o controle dos valores que estão na sua conta-corrente para usar o dinheiro eletrônico com a mesma correspondência.

Situações como a do sujeito que possui R$5.000,00 de limite no cartão de crédito, recebe um salário de R$1.500,00 por mês e vive fazendo compras parceladas cujos totais ultrapassam muito o valor do seu rendimento são cada vez mais comuns. Nesses casos, o dinheiro eletrônico se transforma num dinheiro invisível e dá ao sujeito a ilusão de que ele possui R$5.000,00 em conta, quando isso não corresponde à realidade.

Portanto, reavalie as suas formas de pagamento e fique atento para não se deixar levar por um dinheiro invisível. A tecnologia deve ser um instrumento facilitador na hora de lidar com o seu dinheiro, dando-lhe segurança e controle das suas finanças, nunca o contrário.

O bom uso do cartão de crédito

Nos cursos que realizo como palestrante, costumo ouvir histórias de pessoas que passaram a pagar apenas o valor mínimo das faturas dos seus cartões de crédito como uma prática corriqueira. Segundo relatam, tal hábito acabou acarretando uma cobrança de juros cada vez mais alta, o que as levou a uma situação financeira crítica.

Casos como esses fazem com que a gente se pergunte se o cartão de crédito é mesmo algo benéfico em nossas vidas ou se é uma armadilha para nos endividarmos. Se o Senhor nos designou a viver em abundância, não somente em seu Reino, mas também na Terra, não podemos perder o controle de nossos gastos, caso contrário seremos privados de muitos sonhos que poderiam ser pagos com o valor desses juros.

Conheço gente que, depois de se enrolar financeiramente com altos valores de faturas de cartões de crédito, reorganizou suas finanças e adotou o discurso de que jamais terá cartões novamente.

Quando ouço argumentos contra e a favor, eu sempre digo que a situação de descontrole financeiro não é necessariamente provocada pela facilidade do crédito, mas sim pela mão que está segurando o cartão.

As pessoas precisam entender que o cartão de crédito é apenas um meio de compra. A forma como você irá utilizá-lo é que vai determinar se essa será uma via benéfica ou não.

A responsabilidade pelo consumo desenfreado é somente sua, portanto, pense muito bem antes de dizer a um vendedor que você deseja pagar com cartão de crédito.

Fique atento também ao limite de crédito que possui. Para aqueles que têm dificuldade para se controlar, é fundamental optar por um limite de crédito que corresponda a no máximo 50% da sua renda líquida.

Outra dica que dou é: tenha no máximo dois cartões de crédito, com datas de vencimento alternando entre o início e o meio do mês, caso você tenha duas entradas de renda no seu orçamento. Se esse não é o seu caso, conscientize-se: você precisa só de um cartão, com um limite máximo de 50% da sua renda e uma boa data de vencimento. Respeitando essa margem, será muito mais fácil manter as suas finanças sob controle, fazendo uso do cartão de crédito apenas como um meio de pagamento esporádico.

O verdadeiro problema não é o cartão de crédito, e sim o que compramos com ele. É importante destacar que o cartão de crédito também traz benefícios, como milhagem, premiações, entre outros, portanto devemos sempre observar, analisar o que está disponível no mercado. Se utilizado de forma consciente, o cartão, sem dúvida, facilita nossas vidas. Basta termos discernimento e utilizarmos os nossos conhecimentos de educação financeira.

A armadilha do cheque especial

De acordo com a minha experiência como educador e terapeuta financeiro, a linha de crédito que mais confunde a cabeça das pessoas é o tal do cheque especial.

Quando pergunto aos meus alunos se eles usam o cheque especial com frequência, a maior parte responde que sim. Se eu questiono sobre quanto eles imaginam que já pagaram de juros em toda a vida pelo uso dessa linha de crédito, não obtenho uma resposta nem aproximada. Se eu restrinjo a pergunta ao valor pago em juros no último ano, ainda assim poucos arriscam algum palpite.

O fato é que grande parte das pessoas não entende como funciona o sistema de crédito que o cheque especial utiliza, mas, mesmo assim, lança mão dele habitualmente, mês a mês.

Numa definição simplória, eu diria que o cheque especial é uma via de crédito pré-aprovada, que fica à disposição do correntista e pode ser utilizada a qualquer instante. Trata-se de um negócio no qual o banco irá lhe emprestar determinado valor e, depois, lhe cobrará por isso com juros e correção monetária, retirando uma quantia total maior ainda direto da sua conta-corrente.

Esses juros são proporcionais ao valor que você utilizou e ao número de dias que você demorou para repor. Mas o complicado é que a taxa deles varia de acordo com as medidas econômicas adotadas no país, e cada banco possui o seu valor, ou seja, não existe uma padronização no contrato dessa linha de crédito.

Dessa forma, podemos concluir que o cheque especial é um empréstimo muito fácil de tomar, mas difícil de calcular. Os juros, difíceis de prever, acabam sendo debitados diretamente da sua conta-corrente, passando quase que despercebidos, tornando-se, muitas vezes, até invisíveis.

Em resumo, é como se você fosse contratar um serviço sem saber ao certo quanto vai pagar por ele. Você faria isso em sã consciência? Imagino que não!

Portanto, daqui pra frente, tenha bem claro que o valor do cheque especial não é um dinheiro seu, e sim do banco. Sendo assim, não lance mão dele, pois você nem sabe ao certo quanto irá pagar, posteriormente, de taxas por tê-lo utilizado. Esse tem sido um grande vilão quando o assunto é inadimplência.

Caso você nunca tenha utilizado o limite do seu cheque especial, aconselho-o a eliminá-lo. Tenha uma reserva de investimento estratégico aplicado na caderneta de poupança ou conta remunerada para uma eventualidade, pois assim estará ganhando juros. Quando tiver necessidade de utilizar mais do que tinha na conta-corrente, evitará pagar 6%, 7%, 8% ao mês de juros.

Atente-se a isso: o limite de cheque especial, na verdade, deve ser lido como linha de crédito de cheque especial, pois não se trata de um benefício. Fique atento e não corra riscos.

Quando gastar se torna um hábito

Muitas pessoas não conseguem resistir aos apelos do consumo e sofrem de uma dificuldade extrema para impor a si mesmas um limite quando o assunto é comprar. Isso é mais comum do que se pensa, porém, não tão normal quanto se considera.

Se você vive abrindo a carteira para retirar cédulas, ou seus cartões de débito e crédito, com o intuito de pagar por alguma coisa — sem nem pensar direito no que está fazendo — e isso se torna uma constante nos seus dias, devo alertá-lo de que é muito provável que você esteja com algum tipo de alergia. Isso acontece quando gastar se torna um hábito e não uma necessidade em sua vida.

Explicando melhor: o que observo hoje em dia é que as pessoas parecem ter desenvolvido uma espécie de alergia ao seu próprio dinheiro. Elas simplesmente não conseguem segurar o dinheiro nas mãos. É como se sentissem uma coceirinha irritante que faz com que elas passem, rapidamente, o dinheiro adiante.

Esse é um mal bem comum da nossa época. Se quiser ter certeza do que digo, passe a observar o comportamento das pessoas que você conhece. Com o tempo, você verá que muitas delas não conseguem manter o dinheiro dentro da carteira. Parecem estar o tempo todo desesperadas para encontrar motivos para passar o dinheiro que possuem para a frente. Se você não consegue guardar dinheiro, se os seus rendimentos não duram nem um mês na sua conta bancária e se poupar é algo que não faz parte da sua rotina, cuidado, você pode ser uma dessas pessoas às quais me refiro.

Não precisa se envergonhar ou fingir que não tem problemas. Assumir uma dificuldade é o primeiro passo para sair dela. Sendo assim, eu lhe recomendo que faça uma reavaliação completa dos seus hábitos. Afinal de contas, o seu dinheiro é resultado de muito esforço e trabalho e não deve ser trocado por qualquer coisa, concorda?

Pouco a pouco, comece a trabalhar a redução do seu consumo. Passe a se policiar quando está fora de casa, pois as tentações são muitas para quem gosta de comprar. Aprenda a evitar, passo a passo, alguns gastos que antes eram corriqueiros e não lhe farão falta. Saia de casa somente com o dinheiro que será utilizado; evite levar cartão de crédito ou até mesmo de débito se não pretende gastar. Lembre-se que os estímulos ao consumo são diversos.

Pense que as mudanças são sinais de evolução, e que se você não se comprometer com o firme propósito de guardar dinheiro para os seus sonhos, poderá ter um futuro incerto e um presente sempre suspenso por uma corda bamba.

Capítulo 10
Rendimentos altos não garantem a prosperidade

"O Senhor respondeu: 'Servo mau e negligente! Você sabia que eu colho onde não plantei e junto onde não semeei?'" (Mateus 25:26)

Muitas pessoas acham que só alcançam a prosperidade aqueles que ganham altos salários, uma herança abastada ou coisas do tipo.

Com essas ideias na cabeça, elas acabam se conformando com a situação em que vivem, achando que só poderão ter sucesso financeiro se ganharem uma quantia maior em rendimentos do que aquilo que recebem mensalmente.

No entanto, a verdade não é essa. É importante deixar claro que para ser uma pessoa próspera você não tem que necessariamente ganhar mais.

Em meus ensinamentos, eu parto sempre da premissa de que não importa o quanto você ganha, mas sim como você poupará para realizar os seus desejos e sonhos.

Muitas vezes, aqueles que ganham muito dinheiro acabam perdendo a consciência do que é realmente importante nas suas vidas. Jesus nos deixou uma lição importante ao narrar o seu encontro com um jovem rico, que não teve coragem de segui-lo justamente por causa do dinheiro. O rapaz possuía muitos bens materiais, mas tinha os olhos fechados para o mais importante; tinha dinheiro, mas não soube utilizá-lo com sabedoria.

Conheço pessoas que ganham altos salários, mas elevam tanto o padrão de vida que, mesmo ganhando muito, acabam usando todo o dinheiro mensal para pagar as despesas do dia a dia.

Por outro lado, há pessoas que ganham menos, mas se organizam financeiramente para manter um padrão de vida adequado e simples, guardando parte do dinheiro que passa por suas mãos, e criando, assim, hábitos poupadores e não de consumo. Com isso, conseguem acumular reservas de dinheiro para a realização dos seus sonhos e desejos.

Sempre procuro dizer em minhas apresentações que rica não é a pessoa que tem dinheiro, mas aquela que guarda dinheiro para os seus sonhos. Nunca devemos ser avarentos, mesquinhos ou escravos do dinheiro, mas precisamos saber que ele pode nos proporcionar a alegria de realizar os nossos objetivos.

É preciso que você entenda que elevar a renda mensal pode ser benéfico para a sua saúde financeira; porém, essa não é a solução para os seus problemas, pois se você não estabelecer uma boa relação com o dinheiro, quanto mais ganhar, mais irá gastar. Lembre-se do antigo, mas sempre atual ditado: dinheiro não aceita desaforo; ou você o respeita ou nunca o terá!

Sabendo que a prosperidade está ao alcance das nossas mãos e que os juros podem ser aliados nessa conquista, proponho uma reflexão sobre o que leva grande parte das pessoas ao insucesso no que diz respeito às finanças.

Se pararmos para analisar nossos hábitos financeiros desde a infância, muito provavelmente perceberemos que aprendemos rapidamente a gastar e que a cultura de poupar passou longe da nossa educação doméstica e escolar.

Somos filhos da sociedade do consumo, precisamos comprar tudo o tempo todo e, ainda assim, nos sentimos incompletos. Enxergando as coisas dessa forma, facilmente diagnosticamos o que leva a maior parte das pessoas ao descontrole financeiro.

Guardar dinheiro não é tido como algo cotidiano, não faz parte da nossa cultura. Logo, quando alguém nos diz para fazer isso, soa como um sacrifício enorme. Isso porque guardar dinheiro significa se privar de gastá-lo, e as pessoas simplesmente não estão preparadas para abrir mão disso.

É como reduzir as calorias ingeridas no dia a dia na tentativa de fazer um regime ou forçar o corpo a fazer alguns exercícios quando entramos numa academia. No começo, tentar fazer qualquer coisa a que não se está habituado será difícil, soará como um esforço ou uma privação, mas, se você insistir, depois de alguns meses aquilo se tornará cada vez mais corriqueiro, na sua vida, até chegar ao auge da naturalidade.

Diante desse conhecimento, eu lhe recomendo que, mesmo não tendo a prática de poupar, comece do começo, guardando um valor pequeno que seja do seu salário todo mês. A prosperidade virá desse seu pequeno passo, que poderá transformar costumes outrora enraizados dentro de você.

Num regime alimentar ou na frequência de uma atividade física, depois de alguns meses, você se olha no espelho e se vê mais próximo de uma boa forma, o que lhe dá ânimo para continuar. No caso da prática de poupar, é parecido. Com o passar do tempo, você acompanha o crescimento da sua poupança e também sente um desejo muito maior de guardar cada vez mais dinheiro para alcançar a tão desejada prosperidade.

Eu lhe garanto que você não irá se arrepender. Resista nos primeiros meses, que são os mais difíceis; passe por eles e você sentirá que está fazendo algo que funciona e que lhe assegurará uma vida de tranquilidade dali em diante.

Quando os juros estão a seu favor

Os juros são vistos, na maioria das vezes, como elementos que prejudicam as nossas finanças. No entanto, eles podem também ser muito benéficos, eu diria até valiosos, quando estão a nosso favor. Como disse anteriormente, foram os juros a meu favor que possibilitaram a minha independência financeira.

Falo da teoria dos juros compostos ou juros sobre juros. Se você se disciplinar e passar a guardar um valor mensal em uma conta de investimento, o banco também passará a contribuir com um pouquinho de dinheiro para você todo mês.

E assim, quanto mais dinheiro você tiver acumulado, maior será o valor que o banco depositará. Desse modo, acompanhamos o crescimento de uma bola de neve do bem, em que quanto mais dinheiro você acrescenta, mais ela aumenta — fazendo se avolumar também o saldo dos seus rendimentos.

Dessa forma, volto a reforçar que todo mundo tem condições de se tornar uma pessoa próspera, independentemente de quanto ganha por mês. A grande orientação é saber se controlar e guardar o dinheiro antes para os sonhos, a fim de juntar um montante que faça com que os juros comecem a trabalhar para ampliar ainda mais os rendimentos acumulados.

Você deve estar pensando: "Puxa, então parece fácil ficar rico!" Rico não é uma palavra que costumo utilizar, como já disse anteriormente, e sim financeiramente sustentável. E é possível! E aí eu lhe devolvo o questionamento: "Se é tão simples, por que será que quase ninguém faz isso?"

O grande problema é que a maior parte das pessoas acaba não conseguindo ter autocontrole. Vamos voltar no tempo e rever o que fizemos com as primeiras quantias de dinheiro que passaram em nossas mãos. Quando criança, aos três, quatro ou cinco anos, antes de sermos alfabetizados, ao receber um dinheiro, íamos direto para a venda, sorveteria ou padaria para gastar tudo. Quando entramos no ensino fundamental, algumas pessoas passam a receber mesadas. Se este foi o seu caso, o que você fez com esse dinheiro? Certamente gastou tudo, não é? Quando começamos a trabalhar e recebemos nosso primeiro salário, o que fizemos? Gastamos!

Perceba que o ato de gastar está impregnado, instaurado em nosso DNA, por isso é que defendo veementemente que a educação financeira não está embasada em cálculos, planilhas, matemática; sem dúvida são ferramentas importantes, porém a educação financeira está verdadeiramente embasada no comportamento, nos hábitos e nos costumes. Neste caso, as escolas do ensino fundamental certamente terão papel importantíssimo no desenvolvimento das nossas próximas gerações. Por tudo isso, tenho muito orgulho de ser o mentor da Metodologia DSOP de educação financeira, que já é ensinada nas salas de aulas para centenas de crianças e jovens.

Ganhar dinheiro trata-se de uma prática habitual, assim também como gastar deverá ser tornar um dos hábitos a ser aprendido e desenvolvido na sociedade brasileira e mundial.

Capítulo 11
Planejando uma boa aposentadoria

"Você comerá do fruto do seu trabalho, e será feliz e próspero." (Salmos 128:2)

Narra-nos o livro de Gênesis que Deus concluiu a sua obra de criação do mundo e descansou no sétimo dia. Nós também, após algum tempo de trabalho, temos o direito ao descanso.

Num país onde mais de vinte milhões de brasileiros aposentados pelo INSS não conseguem manter um padrão de vida confortável, ter uma aposentadoria com sustentabilidade financeira assegurada acaba sendo um sonho comum a quase todo mundo.

Na juventude, somos capazes de trabalhar por um salário mensal, além de fazer bicos e serviços extras a fim de ter uma boa renda anual. Porém, com o avançar da idade, o pique vai diminuindo, e o corpo já não suporta os esforços físicos e mentais que antes realizava.

Como diz o ditado popular: "Quem planta colhe." Ou seja, se você não plantar boas sementes de aposentadoria agora, poucas chances terá de colher um futuro próspero.

A melhor orientação para alcançar esse futuro próspero é estar sustentável financeiramente, viver das próprias reservas financeiras ou do próprio patrimônio. Para curtir a vida com prazer é preciso que se comece desde cedo a construir essa aposentadoria sustentável, independentemente dos valores com os quais você já contribui para o INSS.

O ideal é poder somar essas duas formas de previdência: os benefícios da aposentadoria do INSS e os rendimentos do dinheiro que você guardou para a aposentadoria complementar.

Chamo ainda a atenção para os funcionários públicos que não recolhem INSS, mas que devem também garantir sua aposentadoria, visto que também existe grande probabilidade de terem o mesmo problema referente à previdência social no futuro. É fundamental que a sua aposentadoria sustentável seja construída por você desde cedo, sem contar com terceiros.

A minha recomendação é de que devemos estipular no mínimo 10% dos nossos rendimentos mensais a serem guardados mensalmente numa conta de investimentos com características de longo prazo, com fins para essa aposentadoria particular.

Fazendo isso com disciplina e perseverança, você poderá gozar dos prazeres da vida e ter, dia após dia, a sensação de bem-estar que a independência financeira irá lhe proporcionar daqui a vinte, trinta, cinquenta anos.

É fato que, durante a vida, passamos por fases de tranquilidade e alegria, mas também vivenciamos experiências difíceis e, muitas vezes, elas nos pegam de surpresa quando não estamos preparados para lidar com tal situação.

Alguns fatores podem gerar essas fases de dificuldade pelas quais passamos, como a perda do emprego, um problema de saúde que nos impede de trabalhar, dentre tantas outras intempéries da vida.

Pensando nisso, devemos nos precaver para quando chegarem esses momentos. E não adianta dizer que não vai acontecer, porque sabemos que vai.

Para se preparar adequadamente para os imprevistos que surgem no seu caminho, você deve começar a construir uma reserva estratégica. Seja qual for o problema, no momento em que vier, se você tiver um dinheiro guardado, com certeza será mais fácil buscar uma solução ou um conforto para passar pela crise de forma mais respaldada.

Esse é mais um motivo para que você controle os seus impulsos consumistas e crie o hábito de poupar. Isso sem contar que já falamos de outros motivos, como a aposentadoria, carro, a aquisição da casa própria etc.

Certa vez acompanhei o caso de uma moça que tinha mania de comprar sapatos. Ela possuía 52 pares de sapatos e apenas dois pés para calçar todos eles. Quando ela veio me procurar, estava aflita, pois havia perdido o emprego e estava passando por um momento delicado. Sua filha estava doente, fazendo tratamento médico, e, além disso, a moça em questão tinha acabado de ser convidada para ser madrinha de casamento da sua melhor amiga. No entanto, ela não conseguia da sua conta de cuidar da menina e procurar um novo trabalho.

Conversando bastante, chegamos à conclusão de que ela tinha cerca de R$15.000,00 em sapatos. Mas eles não tinham valor algum para ajudá-la no momento em que ela mais precisava.

Se essa moça tivesse poupado pelo menos a metade desse dinheiro ao longo dos anos, em vez de tê-lo torrado em sapatos, hoje ela teria uma boa quantia para usar como reserva estratégica nesse caso. O dinheiro é meio, e não fim, por isso sem dúvida precisamos tê-lo para alcançarmos todos os nossos sonhos e também para realizar os nossos desejos. Não é errado ter diversos pares de sapatos ou de bolsas, o que precisamos é tê-los sem nos esquecer de que precisamos ter também dinheiro guardado para as nossas necessidades.

Portanto, seja previdente e poupe parte do seu dinheiro. Quem tem dinheiro guardado tem uma proteção, um respaldo diante da maior parte dos desafios que a vida nos apresenta.

Para uma aposentadoria sustentável, recomendo utilizar a fórmula DSOP da independência financeira, encontrada no meu livro *Terapia financeira*, publicado pela editora DSOP. Nele, você será orientado a acumular uma reserva financeira que dê como rendimentos o dobro de seu padrão de vida. Por exemplo: uma pessoa que tem um ganho mensal (padrão de vida) de três mil, deverá ter uma reserva financeira que lhe renderá o valor de seis mil reais mensais. O grande segredo está em sacar apenas três mensais e guardar os outros três mil. Assim, essa pessoa nunca deixará de ter um ganho mensal, que estará garantido por toda a sua vida.

Zelando pelo patrimônio familiar

Se você já conquistou um patrimônio considerável ou faz parte de uma família que o possui, sabe que é importante zelar por ele. Porém, talvez você não tenha muita ideia de como fazer isso.

Se parte do seu patrimônio hoje está em aplicações financeiras, é recomendável verificar semestralmente, ou no máximo anualmente, como andam os rendimentos. Faça uma pesquisa para descobrir a quantas anda a taxa de juros das instituições financeiras no mercado e procure distribuir os seus investimentos em, pelo menos, três delas. Busque também no mercado por especialistas em investimentos, como corretores de valores. Dessa forma, você estará cuidando do seu patrimônio.

Outra orientação que costumo dar, ainda falando em patrimônio familiar, é estar atento à legislação fiscal. Existem milhares de famílias hoje no Brasil cujos patrimônios divergem em relação ao que é declarado no imposto de renda.

Essa não é uma boa estratégia para quem acha que irá economizar ao burlar as normas referentes à declaração. Estar regularizado perante a legislação fiscal, pagando impostos corretamente, declarando tudo que recebe, é uma obrigação cívica e bíblica.

Portanto, seja correto e cumpra as leis do seu país. E mais, dê o bom exemplo aos seus sucessores deixando um legado de retidão e caráter, além de um patrimônio sem embaraços fiscais.

Capítulo 12
Livre-se das Dívidas

"Quem toma emprestado é escravo de quem empresta."
(Provérbios 22:7).

As dívidas podem nos tornar escravos daqueles a quem devemos. Por isso, o apóstolo Paulo nos deixa um conselho: "Não devam nada a ninguém, a não ser o amor de uns pelos outros, pois aquele que ama seu próximo tem cumprido a Lei." (Romanos 13:8) É fato que Paulo não está se referindo apenas à questão monetária, mas a condutas sociais imprescindíveis a todos os cristãos: o respeito, o amor para com todos.

Se você adquiriu há algum tempo alguma dívida e ela persiste até hoje, algumas orientações podem ajuda-lo a livrar-se dela.

Converse com seu gerente ou credor

Se você possui muitas dívidas, existem algumas orientações que podem ser úteis na retomada do controle das suas finanças. A primeira delas é: assumir o controle do dinheiro que entra e do dinheiro que sai; não se começa uma negociação de pagamento das dívidas sem antes praticar os quatro pilares da Metodologia DSOP (Diagnosticar, Sonhar, Orçar e Poupar). Somente após assumir as rédeas da sua vida financeira é que você poderá procurar os credores (pessoas a quem deve — bancos, crediários, financeiras etc.).

Após assumido o controle, você saberá quanto dinheiro mensal terá para honrar as prestações. Para poder sair definitivamente das dívidas, é fundamental ter o domínio da situação. Às vezes, dizer: "Devo, não nego, pago quando e como puder" não quer dizer que você será um caloteiro; o pior que se pode fazer é assinar um acordo para pagar um montante por mês e não conseguir cumpri-lo.

Grande parte dos endividados no Brasil deve para as instituições financeiras. Para fazer um acordo que caiba no seu bolso, é preciso não ter medo de conversar. Procure o gerente da conta bancária e peça ajuda a ele. Lembre-se de que ele está lá para ajudar, e você, com jeito, pode mostrar que quer resolver o problema. É importante dizer que não quer outro crédito para pagar, lembrando que, ao trocar a dívida com juros altos por outra com juros mais baixos, você deverá solicitar o cancelamento dos créditos, como cheque especial, e reduzir os limites de cartão de crédito (se não conseguir controlá-lo, o caminho é cancelar também). É muito comum pessoas fazerem outras dívidas para cancelar as mais antigas e continuarem com seus limites muito acima do tolerável em relação aos seus ganhos mensais.

Levante junto ao seu banco as possibilidades de fazer um pacote que reúna as dívidas de cheque especial, cartão de crédito e demais empréstimos que por acaso você tenha. Dessa forma, o acúmulo dos juros será interrompido e você passará a quitar as suas dívidas com uma taxa fixa predeterminada.

Com a redução dos juros, a portabilidade das dívidas, que é trocar uma dívida com juros altos por outra com juros baixos, ficou muito comum, mas também muito perigosa, visto o aumento dessas linhas e suas facilidades.

Aconselho juros que não ultrapassem o percentual de 2% ao mês. Procure outras instituições, busque, pesquise. Respeitar o valor que se pode pagar de prestação é o segredo para não se enrolar mais.

Mesmo que você tenha dívidas que não estejam vencidas, aconselho-o a procurar outras três instituições financeiras para propor uma portabilidade. Não se acomodar é o grande objetivo; lembre-se de que os bancos estão buscando novos clientes para essa finalidade. "Quem procura acha." Esse é e sempre será um bom ditado, em qualquer que seja a situação.

Se estiver com o nome restrito, negativado, lembre-se de que após o acordo ser efetuado por escrito a instituição financeira terá cinco dias no máximo para excluir seu nome dessa situação.

Outro ponto importante no caso de não se conseguir fazer um acordo por não conseguir honrar o compromisso: um dos caminhos é poupar mensalmente parte dos ganhos para uma futura negociação à vista, buscando descontos que podem alcançar de 50% a 80% do montante total corrigido. Por isso, é preciso se informar e saber seus direitos e deveres quando o assunto é dominar o seu próprio dinheiro.

Dessa forma, você estará dando os primeiros passos para se livrar das suas dívidas. No entanto, esteja atento, pois se você atrasar o pagamento de uma das parcelas do acordo feito com o banco, vai acabar novamente se emaranhando na bola de neve dos juros.

Crédito consignado

Ainda falando de orientações para quem tem dívidas, costumo apontar o crédito consignado como uma das saídas possíveis. Há casos em que ele acaba sendo a solução ideal.

O crédito consignado é um tipo de empréstimo em que as parcelas são debitadas direto da sua folha de pagamento. Nesse caso, o seu rendimento líquido sofrerá um abate por conta desse novo crédito, porém, dessa forma você terá a chance de se disciplinar, direcionando mensalmente uma quantia considerável do seu ordenado para livrar-se das dívidas.

Como vimos no capítulo anterior, o primeiro passo é assumir o controle do dinheiro que entra no seu bolso e do dinheiro que sai dele. Nunca faça um acordo sem antes diagnosticar as suas finanças.

Dentro da escolha pelo crédito consignado, se considerarmos que o empréstimo tomará 30% do seu salário, esteja ciente de que você não terá mais 100% da sua renda líquida mensal para arcar com as suas despesas; você terá que readaptar o seu padrão de vida de maneira que ele se encaixe nos 70% que irá receber na sua conta.

No caso dos funcionários públicos, os limites para utilizar o empréstimo consignado são mais flexíveis; entretanto, tome cuidado para não comprometer uma quantia muito grande do seu salário.

Esse tipo de empréstimo tem comprometido a vida de milhões de aposentados e pensionistas do INSS, que já não têm uma renda adequada às suas necessidades. Ao optar por esse tipo de empréstimo, eles acabam por reduzir ainda mais seus rendimentos, complicando ainda mais a sua situação financeira. Aproveito para deixar uma dica aos avós: não emprestem seus nomes para terceiros (filhos, noras, genros, amigos), pois isso tem sido motivo de muitos problemas para os aposentados brasileiros.

Por último, oriento que, enquanto você estiver pagando as parcelas do crédito consignado, seja essa prática prioritária dentro do seu orçamento, tendo consciência de que o arrocho financeiro é temporário, e que, depois disso, você estará totalmente livre das dívidas.

Portabilidade de crédito

Os agentes multiplicadores das dívidas, como já vimos, são os juros. Basta atrasar um pagamento e pronto, a epidemia parece já se instalar, gerando uma crise sem limites.

O que poucas pessoas sabem é que a taxa de juros varia dependendo do momento econômico em que o país se encontra, e a oscilação desses índices pode ser grande e fazer diferença no quadro das finanças de cada um.

Dados como esse, tão importantes, passam despercebidos pela maioria das pessoas. Outras informações sobre o mundo da economia também podem ser de extremo valor e, por incrível que pareça, quase ninguém procura estar atento e se informar a respeito.

Por exemplo, existem diferenças relevantes entre a porcentagem de juros de uma instituição financeira para outra, o que acaba dando margem para que se criem novas oportunidades de negociação para aqueles que possuem suas dívidas concentradas num só banco.

Dentro desse contexto, podemos curiosamente chegar à conclusão de que uma dívida pode se tornar mais "cara" ou mais "barata", dependendo da "cartilha" que segue a instituição financeira para a qual você deve dinheiro.

A fim de fugir das altas taxas de juros, conheço muita gente que transfere as suas dívidas de um banco para outro, empregando a chamada portabilidade de crédito, na intenção de escapar de maiores danos financeiros.

Algumas pessoas me procuram para perguntar o que é a portabilidade de crédito e buscam saber se esta pode ser uma saída para o fim do endividamento.

Diante do questionamento, eu costumo explicar, numa linguagem simples, que a portabilidade de crédito é a transferência da sua dívida de um banco para outro, com melhores condições contratuais do que tinha antes.

Em alguns casos, trocando de instituição financeira, você diminuirá o volume dos juros que tem a pagar, realizando um negócio vantajoso que o ajudará a sair do endividamento com mais eficácia.

Para que fique mais claro, digamos que você tenha feito uma negociação com o seu banco para que todas as suas dívidas fossem englobadas num único pacote a ser quitado em 24 prestações, com juros de 2% ao mês.

No entanto, passado algum tempo, você fica sabendo que outro banco oferece as mesmas condições, com uma taxa de juros um pouco menor, de 1,5% ao mês. Diante dessa situação, ao optar pela portabilidade de crédito, você estará arcando com menos juros e poderá quitar a sua dívida em menos tempo.

Isso nos leva a concluir que, em alguns casos, a portabilidade de crédito pode ser uma saída bem-sucedida para quem quer se livrar do endividamento.

Além disso, a burocracia para efetivar esse procedimento é bem simples. Após escolher a nova instituição financeira com a qual você irá operar e assinar todos os documentos necessários, o novo banco quita seu saldo devedor junto ao banco original, transferindo o valor total de sua dívida eletronicamente para a nova instituição.

Dessa forma, sua dívida passará a pertencer ao novo banco automaticamente, seguindo as condições que você negociou. De acordo com o exemplo citado, tomada a decisão da portabilidade de crédito, você quitaria o seu débito em 24 meses, a uma taxa de juros de 1,5% ao mês.

Se a sua dívida for de longo prazo, é recomendável que, periodicamente, você faça uma pesquisa para comparar as taxas cobradas pelas instituições. Se encontrar uma boa oferta, com juros mais baixos, refaça a portabilidade, quantas vezes forem necessárias, até alcançar o seu objetivo final: livrar-se das dívidas.

No entanto, é fundamental ter em mente que a simples troca de uma instituição financeira por outra não resolverá o problema das dívidas. É preciso que você leve a sério o pagamento mensal delas.

Lembrando que, com essa meta alcançada, o melhor caminho para não cair novamente no "atoleiro dos juros cumulativos" é poupar antes e gastar depois. Ou seja, realizar as suas compras sempre à vista.

É também possível que você não consiga fazer sua portabilidade de forma natural e burocrática, ou seja, trocando de instituição, mas é possível buscar informações na instituição financeira para a qual deve atualmente para conseguir uma proposta de pagamento à vista da qual será extraído o valor dos juros da operação; com isso você terá um valor a ser buscado em outra instituição. Exemplo: dívida de trinta parcelas para pagar, sendo duas parcelas atrasadas. Como não encontrou uma instituição que pudesse realizar essa portabilidade de forma convencional, o melhor a fazer é realizar o montante para quitar à vista na instituição onde tem a dívida e buscar um novo financiamento junto à nova instituição de um valor que quite a dívida antiga, passando a dever para a nova. Mas chamo a atenção para que seja fiel a essa operação, pois já vi muita gente buscar esse valor e acabar devendo para as duas. A responsabilidade com relação à operação é o segredo nesse caso.

Capítulo 13
Educação financeira para crianças e adolescentes

"Discipline seu filho, e este lhe dará paz;
trará grande prazer à sua alma." (Provérbios 29:17)

É inquestionável a responsabilidade dos pais quanto à educação dos filhos. Diz a Palavra de Deus: "Não evite disciplinar a criança" (Provérbios 23:13). Está claro que a criança mimada, aquela que ganha tudo o que pede e não é ensinada sobre o valor do dinheiro, pode vir a tornar-se um problema. Se todas as famílias se conscientizassem de que a educação financeira começa desde cedo, em casa e dentro das escolas, nós hoje viveríamos num país muito mais próspero.

Se você tem filhos, sobrinhos, netos ou convive com outras crianças, recomendo que você converse com eles sobre dinheiro, em especial sobre os sonhos. Esse é um assunto que muitos adultos omitem das crianças — porque acham que os pequenos não irão compreender —, e acabam pecando no que se refere à educação financeira na infância.

Uma das primeiras atividades que podem estimular as crianças a compreender o mundo é o ato de desenhar. No início, percebemos apenas alguns rabiscos e borrões na folha, mas se você perguntar, a criança lhe dirá detalhadamente tudo o que está ali.

Por isso, a prática do desenho é uma das formas mais recomendadas para se trabalhar o primeiro contato da criança com o dinheiro. Um papel, uma moeda e um lápis já são suficientes para que ela passe a experimentar, de maneira sensorial, a existência do dinheiro.

Escolha um momento de tranquilidade do seu dia e sente-se com a criança no chão ou diante de uma mesa. Tenha por perto lápis de cor, folhas em branco e algumas moedas. Coloque uma moeda sobre a folha em branco e, com o lápis, faça um círculo ao redor, como se a moeda estivesse servindo de molde.

Deixe que a criança sinta a moeda nas mãos, que note a sua forma, e depois a estimule a fazer o mesmo círculo usando o lápis. Talvez ela não consiga nas primeiras tentativas, mas isso não tem tanta importância. A proposta da atividade é que as crianças passem a ter contato com as moedas e que o dinheiro — ainda que sem o entendimento pleno do seu significado — comece a fazer parte do universo dos pequenos desde cedo.

Com o passar do tempo, o direcionamento dos desenhos pode ser intensificado por meio de solicitações que estimulem o raciocínio da criança. Por exemplo: entregue à criança uma folha com a imagem de um gato e outra com a de um elefante. Peça a ela que desenhe moedinhas para que ambos os animais tenham dinheiro para comprar os seus alimentos.

Em seguida, pergunte à criança quantas moedas ela acha que o elefante precisará para comprar alimento, visto que ele é bem maior, e quantas moedas serão necessárias para que o gato também se satisfaça. Dessa forma, você fará com que ela comece a criar noções de quantidade e de tamanho.

Com esses e outros exercícios, a criança aprende brincando e registra no inconsciente o significado do dinheiro, o que será, posteriormente, de extrema importância por toda a sua vida.

A transição da infância para a adolescência é marcada por uma série de mudanças. O entendimento do mundo e das coisas começa a ser solidificado e, dentro desse rito de passagem, começamos a estruturar a nossa identidade.

Outra dica que dou é: entregue à criança três cofrinhos, como oriento em meu livro infantil *O menino, o dinheiro e os três cofrinhos*. O nome do primeiro cofrinho, que é bem pequeno, é *Curto*; o nome do segundo, maiorzinho, é *Médio*, e o cofrinho grande se chama *Longo*. Mas atenção: é preciso ensinar às crianças que dentro dos cofrinhos não se guardará dinheiro, e sim *sonhos*.

Por isso, ao encher os cofrinhos, vá até uma loja e compre o que havia sido traçado como sonho. Procure até mesmo falar com o gerente para conseguir algum desconto, a fim de que a criança aprenda que, se algumas moedas sobrarem, um novo sonho pode começar a ser traçado.

Uma das coisas que marcam a infância é a inclusão da mesada no cotidiano das crianças. Já a partir dos sete anos ela pode ser implantada. Com ela, surge um novo desafio que na infância não era tão claro: como administrar o dinheiro.

Muitos pais estabelecem um valor e o entregam a seus filhos com a seguinte recomendação: "Agora você tem seu próprio dinheiro e deve administrar os seus gastos para que esse valor dure até o final do mês. Se o seu dinheiro acabar antes disso, ficará sem nada até receber a mesada do mês seguinte."

Argumentações como essa são bem comuns e, lamentavelmente, bastante contraproducentes. Partindo dessa orientação, o jovem vai incorporar a seguinte mensagem: "Devo gastar todo o meu dinheiro ao longo do mês, pois, no mês seguinte, receberei o mesmo valor para gastar também."

O valor da mesada

Muitos pais costumam me consultar quando ficam confusos sobre o valor a ser estipulado como mesada para os seus filhos. O que geralmente acontece é que o filho pede uns trocados aqui e ali, o pai vai dando de acordo com o destino do uso e, no final do mês, ninguém sabe ao certo quanto foi gasto e em que exatamente.

Para se definir o valor da mesada a ser dado para a criança é preciso, antes de mais nada, que os pais façam um diagnóstico financeiro, levando em consideração a quantia total pedida pela criança durante os trinta dias do mês. Depois disso, é preciso pôr em prática a lição da realização do sonho: se a criança ganha cem reais, 50% desse valor deverá ser destinado aos sonhos de curto, médio e longo prazo.

Não se esqueça de orientar as crianças e os adolescentes sobre o quanto é importante fazer uma reserva para os sonhos. Dessa forma, você criará neles, desde cedo, o hábito de guardar dinheiro e se planejar para alcançar as coisas que deseja.

A educação financeira de uma criança é vital para que os hábitos corretos sejam criados e garantam uma vida adulta mais tranquila. Com isso construiremos novas gerações de pessoas e famílias saudáveis, educadas e sustentáveis financeiramente.

Capítulo 14
Aprenda a curtir a chegada da prosperidade

"Olho nenhum viu, ouvido nenhum ouviu, mente nenhuma imaginou o que Deus preparou para aqueles que o amam." (1Coríntios 2:9)

As pessoas estão sempre tão ocupadas em trabalhar para ganhar dinheiro e gastar dinheiro — o que as leva a trabalhar mais para gastar mais e assim sucessivamente — que não se dão conta do barato que é não gastar o dinheiro.

Quando você percebe que é muito mais intrigante e desafiador ter dinheiro guardado no banco, passa a se manter ocupado em trabalhar para multiplicá-lo e, assim, realizar sonhos.

Portanto, eu o aconselho: em vez de passar o seu dinheiro adiante, aguente firme, grude-o nas palmas das mãos e agarre-o com todas as forças dos seus dedos; não devemos ficar escravos dele, mas respeitá-lo é o segredo para tê-lo por perto.

Transfira sempre parte do dinheiro que ganhar para as suas aplicações financeiras, mas chamo aqui a sua atenção para que sempre tenha claramente o motivo de estar guardando: é preciso que cada centavo guardado tenha um destino certo, que são seus sonhos e desejos.

Ter prazer em ter dinheiro guardado sem dúvida é um hábito de muito valor, mas nada de ser pão duro, avarento. O dinheiro é sagrado porque provém do seu trabalho, mas nada de adorá-lo! Tenha sempre em mente que é preciso respeitá-lo e ter consciência de que ele pode auxiliá-lo a alcançar todos os seus objetivos.

Quando falamos em poupar, estamos nos referindo ao ato de proteger, de guardar o dinheiro. Essa é a base para os que pretendem alcançar a prosperidade financeira.

A prática de investir entra num segundo momento, quando você já tem uma quantia acumulada de rendimentos que possa lhe proporcionar a chance de pensar em aplicações para o seu dinheiro.

Investir o dinheiro poupado é uma ação que possibilita maior rentabilidade do que você tem guardado. Conforme vimos, quando investimos de alguma forma, mesmo que seja apenas na caderneta de poupança, os juros começam a trabalhar a nosso favor, aumentando o seu montante.

O grande segredo é a paciência de saber esperar para investir, pois o dinheiro tem que ser respeitado, até os centavos que muitas vezes não valorizamos.

A poupança, que é a forma mais simples de investimento, quando alimentada mensalmente, é capaz de lhe assegurar um montante considerável de dinheiro. No entanto, é recomendável diversificar os investimentos e não concentrar todo o seu dinheiro em uma única instituição financeira. Afinal, não devemos colocar todos os ovos numa cesta só, como recomenda o ditado popular.

Para ter uma melhor distribuição dos seus investimentos, o requisito imprescindível é ter sonhos, que podem ser distribuídos em três tipos:

1. Para os sonhos de curto prazo (até um ano), o mais recomendável é a caderneta de poupança;
2. Para os sonhos de médio prazo (até dez anos), as melhores formas de investimento são: tesouro direto (títulos públicos), certificado de depósito bancário (CDB) e fundos de investimentos;

3. Para os sonhos de longo prazo (acima de dez anos), as aplicações que melhor se adequam são: previdência privada, tesouro direto (títulos públicos) e até mesmo a previdência social, o INSS, que mesmo com o seu baixo valor tem sido imprescindível para mais de vinte milhões de brasileiros beneficiários e pensionistas.

Em minhas andanças pelo Brasil, quando as pessoas me perguntam sobre o melhor investimento, tenho levado um novo slogan que também poderá ser seu. Respondo-lhes que o melhor investimento é guardar parte do dinheiro que passa por nossas mãos para os sonhos, antes de sair gastando.

Às vezes, algumas pessoas insistem mais uma vez na pergunta: "Mas, professor, como saber qual o melhor tipo de investimento?" Então, pergunto: quanto de dinheiro você tem para aplicar e investir? Quase sempre a resposta é "nenhum"; portanto, precisamos combater a causa do problema instaurado em nosso país, que é ter uma população consumista, e transformá-la em uma população poupadora.

Quando o trabalho dignifica o homem

Os evangelhos nos contam que Jesus viveu com José e Maria em Nazaré. Nela, viveu, aprendeu a trabalhar e a desenvolver atividades de carpinteiro, ofício aprendido com José. O Filho de Deus se fez simples, humilde e trabalhador, destacando a importância de se ter um trabalho, algo a que se dedicar. O exemplo de Cristo, que, como sabemos tinha propósitos eternos, nos leva a refletir sobre a premissa que diz que não devemos trabalhar somente por aquilo que é passageiro, mas por aquilo que não passa."

Quando falamos em prosperidade financeira, devemos levar em conta a importância do trabalho, pois é dele que tiramos os ganhos necessários para a nossa sobrevivência e para aplicar os métodos de educação financeira que ensino neste livro.

Muitas pessoas escolhem o seu ramo profissional de acordo com tarefas com as quais já possuem afinidade. No entanto, existem outras que parecem não ter descoberto ainda para que tipo de serviço possuem habilidades, ou até descobriram, mas perceberam tardiamente e receiam abandonar as suas carreiras atuais para começar do zero.

Entretanto, é importante considerar que o alto índice de sucesso na profissão, de acordo com dados estatísticos, ocorre entre pessoas que trabalham com o que gostam.

É aquela velha história: quando a pessoa faz aquilo que lhe dá prazer, a chance de se tornar bem-sucedida, seja na carreira ou na vida financeira, é muito maior.

Portanto, se esse não é o seu caso, eu aconselho que você reavalie a sua posição profissional e se coloque em xeque. Responda para si mesmo: "Será que estou feliz com o que faço? Tenho dado o melhor de mim?"

Essas reflexões o levarão a perceber como você anda se relacionando com a sua profissão e, dependendo das respostas, talvez seja preciso promover uma mudança gradativa de função ou de local de trabalho. O foco de mudança será onde você sente descontentamento.

Em grande parte dos casos, as pessoas que não conseguem sair do lugar na profissão, que se encontram estagnadas, geralmente são infelizes fazendo o que fazem ou até gostam da área profissional, mas detestam a empresa onde estão empregadas ou não se dão bem com os colegas de serviço.

O certo é que, se há uma insatisfação em nível elevado, existe alguma coisa errada que precisa ser modificada. E se nada for feito, essa insatisfação vai aumentar pouco a pouco, ano a ano, transformando-se numa âncora que o impedirá de progredir. Ou seja, tome uma providência enquanto pode.

Construindo a independência financeira

Estar independente financeiramente é quando você pode parar de trabalhar e passar a viver somente dos rendimentos dos seus investimentos. Quando alguém atinge essa posição, pode escolher se continuará trabalhando ou não, pois não depende mais de um salário para sobreviver. Lembre-se: a vida passa muito rápido e sempre há tempo para recomeçar. O tempo é um combustível não renovável! Por isso, mudanças são sempre bem-vindas, principalmente se forem a favor das nossas realizações. Deus sempre estará do lado daqueles que acreditam na beleza dos seus sonhos.

Esse é sonho de quase todo mundo. No entanto, poucos conseguem alcançá-lo. A culpa disso é o pensamento pequeno, sempre vislumbrando o uso do dinheiro a curtíssimo prazo, como se a morte fosse chegar no dia seguinte.

Em minhas palestras, ouço muito esse tipo de argumentação: "E se eu morrer amanhã? Vou deixar o meu dinheiro num banco para outras pessoas usufruírem dele?"

Uma observação: em meus conceitos e em minha Metodologia DSOP substituí as palavras idoso, velho, melhor idade, terceira idade pelas maravilhosas palavras "jovem há mais tempo". Quando somos crianças, somos jovens há menos tempo; quando crescemos, vamos nos tornando jovens há mais tempo. Pensando nisso, os mais velhos são jovens há mais tempo! Pratique com seus amigos e parentes e verá que todos, em especial as mulheres, vão adorar essa nova forma de lidar com a questão da idade!

O problema é que argumentações embasadas em "se" têm grande chance de não se concretizarem. Mantendo o diálogo sob a ótica do "se", eu inverto a pergunta: "Você já parou pra pensar que pode morrer com mais de cem anos?" Imagine se você tiver esse "azar" de chegar aos cem anos sem ter construído nada que possa lhe garantir uma vida com conforto e sustentabilidade?

Pois é, os "se" são muitos, mas a vida real é uma só e seria muito bom desfrutar dela tendo um bom dinheiro no banco para assegurar não só um futuro abastado, mas também para respaldar você e a sua família num momento de crise ou num imprevisto financeiro.

A sua independência financeira possibilitará também a realização dos sonhos e pode servir como ponte para uma mudança na sua vida profissional. Se você trabalha numa área, mas sempre teve vontade de ter outra profissão, a posição de estar independente financeiramente poderá lhe proporcionar essa experiência.

Sendo assim, quanto mais cedo você começar a juntar dinheiro, mais cedo se tornará independente. Como já sabe, me tornei financeiramente independente aos 37 anos de idade, sempre fazendo o que gostava, e, com isso, pude me dedicar à minha grande missão de disseminar a educação financeira, que pratiquei até alcançar essa dádiva.

Há mais de 15 anos eu compartilho esses ensinamentos com todos que passam pela minha vida. Reforçando: educação financeira nada mais é do que criar os hábitos corretos de como cuidar bem do dinheiro que passa pelas nossas mãos. Como afirmei antes, não se trata mesmo de planilhas, cálculos e matemática; estas são, sem dúvidas, ferramentas importantes, mas o que realmente interessa é o comportamento que adotamos em relação ao dinheiro.

Sonhar é a base para realizar qualquer coisa na vida, e ter o sonho da "independência financeira" como prioridade é, sem duvida, imprescindível. Você pode lutar por isso, basta começar a praticar. Quando nos determinamos e estabelecemos um foco, com certeza o nosso objetivo se concretizará.

Quero dizer com isso que a independência financeira não é algo que pensamos só para quando tivermos 60 ou 65 anos de idade. Ela pode ser conquistada antes disso, se você concentrar toda a sua atenção e dedicação nesse firme propósito.

Não tem segredo. É tudo muito simples: quem guarda dinheiro possui dinheiro. Quem torra dinheiro fica sem nada! Essa é a premissa básica.

CAPÍTULO 15
COMPARTILHE A EDUCAÇÃO FINANCEIRA COM A FAMÍLIA E OS AMIGOS

"Honre o Senhor com todos os seus recursos e com os primeiros frutos de todas as suas plantações; os seus celeiros ficarão plenamente cheios, e os seus barris transbordarão de vinho."
(Provérbios 3:9-10)

Também faz parte da prática da educação financeira o ato de disseminar os ensinamentos da Metodologia DSOP ao máximo de pessoas possível. Essa ação começa dentro de casa com a família e se estende aos amigos, colegas de trabalho, comunidades religiosas e quem mais estiver interessado em conquistar a prosperidade e realizar sonhos.

Ao aprender e praticar a educação financeira, certamente você se tornará apto a passar os ensinamentos para outras pessoas, e com isso estará sendo generoso e retribuindo o fato de que, em algum momento, alguém também teve a boa vontade de lhe ensinar.

Sendo assim, fazendo uma revisão rápida, porém precisa, devemos relembrar que a Metodologia DSOP está embasada em quatro pilares: Diagnosticar, Sonhar, Orçar e Poupar.

Esse método de educação financeira que desenvolvi já há alguns anos contém em seus pilares as seguintes premissas: diagnosticar gastos, priorizar sonhos, elaborar o orçamento priorizando os sonhos e poupar para a realização deles.

Para disseminar esses ensinamentos entre as pessoas do seu convívio, você pode se utilizar de livros como este ou também indicar cursos e palestras sobre educação financeira.

Outra forma de compartilhar é procurar a escola do seu filho ou do seu neto e questionar sobre a disciplina de educação financeira em sala de aula. Atualmente, a coleção de livros didáticos da Metodologia DSOP, de minha autoria já é adotada por diversas escolas do ensino médio e fundamental públicas e privadas do nosso país.

Portanto, agora é hora de praticar, reunir a família e dialogar, falar sobre sonhos e desejos individuais e coletivos, aplicar os ensinamentos adquiridos neste livro. Compartilhar é um dos grandes segredos do ser humano: quanto mais servimos, mais conseguimos conquistas. Como diz a antiga frase: mais se beneficia quem melhor serve! A prosperidade somente pode ser alcançada quando aprendemos a doar parte do que temos.

Deixo aqui meus cumprimentos a você, aos seus familiares e à sua comunidade religiosa.

Boa sorte e que Deus os abençoe!

Reinaldo Domingos

Teste —
ENDIVIDADO, EQUILIBRADO FINANCEIRAMENTE OU INVESTIDOR?

Este teste foi elaborado para que você possa encontrar o seu perfil financeiro. Assinale apenas uma das alternativas e, ao finalizar, avalie o seu resultado, a fim de descobrir qual o seu perfil (Endividado, Equilibrado Financeiramente ou Investidor).

1. **O que você ganha por mês é suficiente para arcar com os seus gastos?**

a) ( )Consigo pagar as minhas contas e ainda guardo 10% dos meus ganhos;

b) ( )É suficiente, mas não sobra nada;

c) ( )Gasto todo o meu dinheiro e ainda uso o limite do cheque especial ou peço emprestado para parentes e amigos.

2. **Você tem conseguido pagar as suas despesas em dia e à vista?**

a) ( )Pago em dia, à vista e, em alguns casos, com bons descontos;

b) ( )Quase sempre, mas tenho que parcelar as compras de maior valor;

c) ( )Sempre parcelo os meus compromissos e utilizo linhas de crédito como cheque especial, cartão de crédito e crediário.

3. **Você realiza o seu orçamento financeiro mensalmente?**

a) ( )Faço periodicamente e comparo o orçado com o realizado;

b) ( )Somente registro o realizado, sem analisar os gastos;

c) ( )Não faço o meu orçamento financeiro.

4. **Você consegue fazer algum tipo de investimento?**

a) ( )Utilizo mais de 10% do meu ganho em linhas de investimento que variam de acordo com os meus sonhos;

b) ( )Quando sobra dinheiro, invisto normalmente na poupança;

b) ( )Nunca sobra dinheiro para esse tipo de ação.

5. **Como você planeja a sua aposentadoria?**

a) ( )Tenho planos alternativos de previdência privada para garantir a minha segurança financeira;

b) ( )Contribuo para a previdência social. Sei que preciso de reserva extra, mas não consigo poupar;

c) ( )Não contribuo para a previdência social e nem para a privada.

6. **O que você entende sobre ser independente financeiramente?**

a) ( )Que posso trabalhar por prazer e não por necessidade;

b) ( )Que posso ter dinheiro para viver bem o dia a dia;

c) ( )Que posso curtir a vida intensamente e não pensar no futuro.

7. **Você sabe quais são os seus sonhos e objetivos de curto, médio e longo prazos?**

a) ( )Sei quais são, quanto custam e por quanto tempo terei que guardar dinheiro para realizá-los;

b) ( )Tenho muitos sonhos e sei quanto custam, mas não sei como realizá-los;

c) ( )Não tenho sonhos ou, se tenho, sempre acabo deixando-os para o futuro, porque não consigo guardar dinheiro para realizá-los.

8. **Se um imprevisto alterasse a sua situação financeira, qual seria a sua reação?**

a) ( )Faria um bom diagnóstico financeiro, registrando o que ganho e o que gasto, além dos meus investimentos e dívidas, se os tiver;

b) ( )Cortaria despesas e gastos desnecessários;

c) ( )Não saberia por onde começar e teria medo de encarar a minha verdadeira situação financeira.

9. **Se a partir de hoje você não recebesse mais seu ganho, por quanto tempo você conseguiria manter seu atual padrão de vida?**

a) ( )Conseguiria fazer tudo o que faço por cinco, dez ou mais anos;

b) ( ) Manteria meu padrão de vida por, no máximo, quatro anos;

c) ( ) Não conseguiria me manter nem por alguns meses.

10. **Quando você decide comprar um produto, qual é a sua atitude?**

a) ( ) Planejo uma forma de investimento para comprar à vista e com desconto;

b) ( ) Parcelo dentro do meu orçamento;

c) ( ) Compro e depois me preocupo como vou pagar.

Resultados

Peso das respostas: a) 10; b) 5; c) zero

De 80 a 100: *Investidor*
De 50 a 75: *Equilibrado financeiramente*
De 00 a 45: *Endividado*

Investidor — Parabéns, você está no caminho certo! O hábito de poupar é o meio para se tornar uma pessoa sustentável financeiramente. É preciso proteger, poupar e guardar parte do dinheiro que passa por suas mãos, pois é por meio dele que você realizará os seus sonhos e objetivos.

Atrelar o dinheiro guardado a um sonho é o segredo para que ele se realize. Tenha sempre, no mínimo, três sonhos: de curto (até um ano), médio (até dez anos) e longo prazos (acima de dez anos).

Dinheiro guardado sem um sonho atrelado é dinheiro do marketing publicitário, por isso, as compras por impulso acabam acontecendo. Investir o dinheiro guardado deve também estar acompanhado de tempo, conforme ensinamos na Metodologia DSOP de Educação Financeira.

Recomendo guardar o dinheiro dos sonhos de curto prazo na caderneta de poupança; para os de médio prazo, você pode investir em CDB, título do tesouro ou fundo de investimentos; já para os sonhos de longo prazo, aconselho previdência privada, título do tesouro, ações ou imóveis.

Com exceção da caderneta de poupança, nas demais aplicações é importante procurar ajuda de especialistas em investimentos. Respeite o seu dinheiro, lembrando que ele não aceita desaforo. Por isso, invista sempre em grandes instituições financeiras, como bancos e seguradoras.

Reúna a família periodicamente e converse sobre o que pretendem realizar no futuro. Consulte as crianças nessas reuniões, pois elas têm muito a contribuir. Ressalto a importância de inserir como sonho a ser realizado o da independência financeira ou da aposentadoria sustentável. Acredite na beleza dos seus sonhos e boa sorte!

Equilibrado financeiramente — Pode parecer que tudo está em plena ordem. O fato de não ter dívidas ou, se as tiver, estarem controladas, não pode ser razão de tranquilidade. Isso porque você não criou o hábito de guardar parte do dinheiro que ganha e, consequentemente, quase não consegue acumular reservas financeiras.

Grande parte da população encontra-se nessa situação, que é de grande risco! Se algum imprevisto acontecer, como perda do emprego ou problemas de saúde, por exemplo, é bem provável que você não tenha alternativa a não ser a de se tornar uma pessoa inadimplente com relação aos compromissos assumidos.

Essa situação é conhecida como "zona de conforto", mas você deve assumir uma nova postura em relação à utilização do seu dinheiro. É preciso retomar o comando de sua vida financeira, fazendo imediatamente um diagnóstico com a ajuda da família, registrando por trinta, sessenta ou, no máximo, noventa dias tudo o que gastar, até mesmo as pequenas despesas.

Conforme pesquisa realizada pela DSOP Educação Financeira, uma pessoa ou família gasta, em média, 20% do que ganha com pequenas despesas, quase sempre com coisas supérfluas.

É preciso que sejam definidos também os sonhos, para que se possa iniciar esse processo, lembrando que, para cada sonho — curto (até um ano), médio (até dez anos) e longo prazos (acima de dez anos) —, é necessário saber quanto custa, quanto você precisará guardar por mês e em quanto tempo ele será realizado.

Poupar e guardar o dinheiro para a realização dos sonhos é vital para que se possa sair dessa situação. Portanto, não perca mais tempo. Invista e insira em sua vida a educação financeira. Oriento adotar e seguir também os quatro pilares da Metodologia DSOP (Diagnosticar, Sonhar, Orçar e Poupar). Acredite na beleza dos seus sonhos e boa sorte!

Endividado — Sua situação é delicada! Você pode estar inadimplente ou muito próximo disso. É preciso ter atenção e não desanimar, porque chegou o momento de levantar a cabeça e saber que sempre existe um caminho.

Recomendo, então, educar-se financeiramente por meio da Metodologia DSOP. Assuma o controle financeiro de sua vida, reunindo a família, inclusive as crianças, para uma conversa franca. Talvez seja a primeira vez que você estará fazendo isso. O mais importante é que todos estejam envolvidos nessa missão: sair do endividamento.

É preciso fazer um diagnóstico financeiro, saber quanto ganha, com o que gasta, descrever e detalhar todos os credores e os valores das dívidas. Mas, atenção, não procure o credor para fazer acordo no primeiro momento. Caso ele venha lhe procurar, diga que você está se organizando financeiramente e sabe que deve, mas pagará quando e como puder.

O credor quer receber e você quer pagar, mas é preciso assumir primeiro o controle da sua vida financeira. Além disso, devem-se registrar todas as despesas, por categoria, durante trinta, sessenta ou até noventa dias, inclusive as despesas de cafezinho, gorjetas etc.

Reúna a família e defina os sonhos de curto (até um ano), médio (até dez anos) e longo prazos (acima de dez anos). Sair das dívidas deve ser um dos três sonhos e também deverá seguir o mesmo critério dos demais, sendo acompanhado do seu valor, quanto será preciso guardar e por quanto tempo. Sem isso, o sonho poderá se tornar um pesadelo.

É preciso tomar consciência da situação financeira em que se encontra. As pessoas que adotaram a Metodologia DSOP de Educação Financeira, hoje, encontram-se recuperadas e também detentoras do comando das suas vidas.

Portanto, tome uma atitude, tenha disciplina e muita perseverança. Tudo começa com o primeiro degrau. Lembre-se: estar endividado ou inadimplente é uma questão de escolha! Acredite na beleza dos seus sonhos e boa sorte!

Apontamentos de despesas

O objetivo do Apontamento de Despesas é auxiliá-lo no controle das suas finanças. Com ele, você saberá para onde vai cada centavo do seu dinheiro. Essa ação faz parte do pilar Diagnosticar da Metodologia DSOP:

Diagnosticar
Sonhar
Orçar
Poupar

Quatro passos que levarão você a assumir definitivamente o controle da sua vida financeira e realizar todos os sonhos que você e sua família desejam e merecem conquistar!

Seus sonhos devem estar em primeiro lugar! Essa é a razão para que você os registre antes das despesas. Você deve anotar três dos seus maiores sonhos neste momento de vida. Um sonho de curto prazo (até um ano), um sonho de médio prazo (até dez anos) e um sonho de longo prazo (acima de dez anos).

Reúna a família para falar de sonhos. Sabendo quais são eles, quanto custam, quanto vocês precisarão guardar e em quanto tempo pretendem alcançá-los, a realização de cada um deles ficará cada vez mais próxima, dando-lhes a motivação para guardar o dinheiro necessário para realizá-los.

Registro dos sonhos

SONHO DE CURTO PRAZO:
Meu sonho é:
Meu sonho custa:
Quanto vou guardar:
Em quanto tempo o realizarei:

SONHO DE MÉDIO PRAZO:
Meu sonho é:
Meu sonho custa:
Quanto vou guardar:
Em quanto tempo o realizarei:

SONHO DE LONGO PRAZO:
Meu sonho é:
Meu sonho custa:
Quanto vou guardar:
Em quanto tempo o realizarei:

Parabéns! Você acaba de dar o primeiro passo para assumir o controle da sua vida financeira e poder realizar os seus sonhos!

Com os sonhos definidos, preencha cada página do Apontamento de Despesas com um tipo específico de despesa. Exemplo: conta de energia elétrica, água, padaria, supermercado, guloseimas e assim por diante.

Na primeira linha, você deve registrar o mês e o tipo de despesa. A partir da segunda linha, você terá uma coluna para o dia, uma para o valor e outra para a forma de pagamento (dinheiro, cheque, vale-refeição ou cartão de débito ou crédito).

Ao fim de trinta dias de registro, você terá o total do mês e saberá para onde está indo cada centavo do seu dinheiro, por tipo de despesa. Você também descobrirá que os pequenos valores fazem uma grande diferença no seu bolso.

Finalizando o mês, passe o total dos gastos para o seu orçamento financeiro. Você pode utilizar a planilha "Orçamento Financeiro DSOP", disponível gratuitamente em nosso portal: www.dsop.com.br. Assim, você terá uma visão real dos seus gastos.

Ao analisar cada despesa, é muito provável que você identifique excessos que poderão ser eliminados. Em média, gastamos mais de 20% em cada despesa, inclusive nas essenciais. Gastando menos, você terá mais condições de realizar seus sonhos.

Envolva sua família neste desafio, inclusive as crianças. Debata, converse, decida em conjunto. Isso fará muito bem às suas relações familiares, uma vez que todos estarão unidos em torno dos mesmos objetivos e sonhos.

Recomendamos o preenchimento do apontamento uma vez por ano ou quando houver alteração no seu ganho. Profissionais liberais ou autônomos precisam preenchê-lo por um período maior, a fim de ter uma média dos seus gastos. O ideal, nesse caso, são sessenta dias, ou noventa, no máximo. Mas sempre totalizando os gastos a cada trinta dias.

Todo diagnóstico é periódico, servindo como uma fotografia da sua vida financeira em um determinado momento. Fazendo-o de tempos em tempos, você terá uma visão sempre atualizada dos seus gastos e poderá fazer os ajustes necessários para não perder seus sonhos de vista.

Leve sempre esse apontamento para onde você for. Coloque no bolso ou na bolsa. Faça a anotação no momento da sua despesa, pois é muito comum esquecer se deixar depois. Lembre-se, você não deve ficar escravo das anotações. Trata-se apenas de uma fotografia da sua vida financeira em um determinado período do ano.

A seguir, um modelo de como preencher o seu apontamento.

Mês: julho		Despesa: guloseimas
Dia	Valor	Forma de pagamento
05	R$6,00	Cartão de débito
06	R$1,15	Vale-refeição
15	R$3,00	Dinheiro
20	R$2,85	Dinheiro
22	R$3,00	Dinheiro
25	R$4,00	Cartão de crédito
28	R$6,00	Cartão de débito
29	R$3,00	Cheque
Total	R$29,00	

Prezado leitor, segue abaixo modelo de Apontamento de Despesas em branco, que poderá utilizar tirando cópias:

Mês: *Despesa:*

Dia	Valor	Forma de pagamento

O seu sucesso financeiro é do tamanho do seu sonho.

Boa sorte!

DSOP EDUCAÇÃO FINANCEIRA

Disseminar o conceito de educação financeira contribuindo para a criação de uma nova geração de pessoas independentes financeiramente. A partir desse objetivo principal foi criada, em 2008, a DSOP Educação Financeira. Presidida pelo professor, educador e terapeuta financeiro Reinaldo Domingos, a DSOP Educação Financeira oferece uma série de produtos e serviços sob medida para pessoas, empresas e instituições de ensino interessadas em ampliar e consolidar o conhecimento sobre o tema.

São cursos, seminários, workshops, palestras, formação de educadores financeiros, capacitação de professores, pós-graduação em educação e coaching financeiro, licenciamento da marca DSOP por meio da Rede de Educadores DSOP e Franquia DSOP. Além disso, a DSOP Educação Financeira é mantenedora da Associação Brasileira de Educadores Financeiros (Abefin).

Cada um dos nossos produtos foi desenvolvido para atender às diferentes necessidades dos diversos públicos, de forma integrada e consistente. Todo o conteúdo educacional é desenvolvido pela Editora DSOP e segue as diretrizes da Metodologia DSOP, concebida a partir de uma abordagem comportamental em relação ao tema finanças.

Criada por Reinaldo Domingos, a Editora DSOP é referência em educação financeira e atua também nos segmentos de autoconhecimento e desenvolvimento pessoal e literatura de ficção nacional e estrangeira. A DSOP Educação Financeira e a Editora DSOP são certificadas pelo ISO-9001.

Sobre o autor

Reinaldo Domingos é professor, educador e terapeuta financeiro. É autor de diversos livros sobre educação financeira, incluindo o *best-seller Terapia finaceira*, em que apresenta a Metodologia DSOP e *Papo empreendedor*.

Em 2009, idealizou a primeira Coleção Didática de Educação Financeira para o Ensino Básico do país, já adotada por diversas escolas, privadas e públicas. Em 2012, criou o primeiro Programa de Educação Financeira para Jovens Aprendizes e, este ano, ampliou o Programa para o Jovem Adulto (EJA).

Formado em ciências contábeis e pós-graduado em análise de sistemas, Reinaldo fundou a Confirp Consultoria Contábil e foi governador do Rotary International Distrito 4610, na gestão 2009-2010. Atualmente é presidente da DSOP Educação Financeira e da Editora DSOP. É idealizador, fundador e presidente da Associação Brasileira de Educadores Financeiros (Abefin). É também o criador da primeira pós-graduação em educação e coaching financeiro no Brasil. Reinaldo é ainda mentor da Metodologia DSOP.

Na internet

DSOP Educação Financeira

www.dsop.com.br
https://www.facebook.com/DSOPEducacaoFinanceira
https://twitter.com/DSOP_Educacao

Reinaldo Domingos

reinaldo.domingos@dsop.com.br
www.reinaldodomingos.com.br
https://www.facebook.com/domingosreinaldo
https://twitter.com/reinaldo_dom

Este livro foi composto em IowanOldSt BT
10.5/14.5 e impresso pela Edigráfica sobre
papel Avena 80g para a Thomas Nelson
Brasil em 2015.